交通运输会计
全流程真账实操

张凌云 著

北京理工大学出版社
BEIJING INSTITUTE OF TECHNOLOGY PRESS

图书在版编目（CIP）数据

交通运输会计全流程真账实操／张凌云著. —北京：
北京理工大学出版社，2016.7
ISBN 978 - 7 - 5682 - 2106 - 1

Ⅰ. ①交…　Ⅱ. ①张…　Ⅲ. ①交通运输企业－会计
Ⅳ. ①F506.72

中国版本图书馆 CIP 数据核字（2016）第 068227 号

出版发行／北京理工大学出版社有限责任公司
社　　　址／北京市海淀区中关村南大街 5 号
邮　　　编／100081
电　　　话／(010) 68914775（总编室）
　　　　　　　82562903（教材售后服务热线）
　　　　　　　68948351（其他图书服务热线）
网　　　址／http：//www.bitpress.com.cn
经　　　销／全国各地新华书店
印　　　刷／香河县宏润印刷有限公司
开　　　本／710 毫米×1000 毫米　1/16
印　　　张／19.5　　　　　　　　　　　　　　责任编辑／钟　博
字　　　数／250 千字　　　　　　　　　　　　文案编辑／钟　博
版　　　次／2016 年 7 月第 1 版　2016 年 7 月第 1 次印刷　　责任校对／周瑞红
定　　　价／39.80 元　　　　　　　　　　　　责任印制／边心超

前　言

　　交通运输业的业务涉及运输、包装、装卸、仓储等劳务服务，其中运输服务是主要的经营业务，其他业务作为运输服务的辅助业务。在编写过程中，本书改变过去理论部分长篇累牍，实务部分原始单据复制罗列的编写风格。全书使用通俗的语言，简明扼要地介绍基本的原理和方法；使用贴近实务的典型案例，清晰示范账务处理流程。相信本书对该行业完整的知识体系铺垫，清晰的会计核算规范，贴切的实务业务描述，手把手的记账凭证示范，能够让读者朋友分层次地了解、熟悉、掌握、运用该行业的会计实务操作方法，并为之向更高层次迈进提供帮助。

　　本书具有以下三大特点：

　　(1) 真实案例全景展示企业经济业务。

　　本书通过真实的案例对某企业的经济业务进行情景展示，内容详尽，过程清晰，让读者能够充分了解企业的经济业务和会计工作的全部内容。

　　(2) 海量真实图表，图文并茂讲述会计的工作流程。

　　本书注重对会计工作流程的把握。由原始凭证的审核到记账凭证的编制、账簿的登记，再到报表的编制，层层递进，环环相扣，让读者能够更清晰、更明了地掌握会计工作的流程。

(3) 手把手教你填写各种凭证、账簿、报表。

本书在处理的过程中更加注重细节。凭证、账簿、报表的每一个项目的正确填写方式如何，有哪些注意事项，需要哪些人员审核签章，本书都给出了详细的展示。

本书特别适合刚刚走出校门，缺乏实际操作经验的交通运输业的会计从业人员，同时也可以供会计初学者参考使用。由于本书以实用性为主，因此并没有按照常规教材编写以适合考试体系编制要求，而是强调遵循实用性的原则。

目　录

第3章　交通运输业负债的核算

第4章　交通运输业权益的核算

第5章　交通运输业期间费用与利润核算

第6章　交通运输业运输业务核算

第7章　交通运输业仓储、装卸和配送业务核算

第 1 章

交通运输业会计认知

1.1 交通运输业会计概述

一、交通运输业概述

（一）我国交通运输业的发展现状

交通运输业是指国民经济中专门从事运送货物和旅客的社会生产部门，包括铁路、公路、水运、航空等运输部门。

1. 铁路运输

铁路既是社会经济发展的重要载体之一，同时又为社会经济发展创造了前提条件。虽然我国铁路运营里程在总量上尚处于短缺状态，但在由各种运输方式组成的交通运输体系中，铁路运输始终处于骨干地位，对国民经济的发展起到了强有力的支持作用。

（1）铁路路网。干线铁路是铁路网络的关键部分，是铁路发挥骨干作用的坚实基础。目前，我国铁路主要干线共有 22 条，根据其作用和地理位置分布的不同，可大致分为能源运输干线、南北铁路干线、华东地区干线、西北地区干线、西南地区干线和东北地区干线。

能源运输干线主要分布于山西、陕西、内蒙古西部等省（区），主要担负着以煤为主的能源运输任务。目前，我国铁路能源运输基本形成了三大运输线：以大秦—京秦新线、京包复线和京原电气化铁路为主构成的北线，以石太—石德—胶济复线电气化铁路为主构成的中线和以兖石—新菏—侯月新线及新焦复线电气化铁路为主构成的南线。

南北铁路干线由京沪、京广、京九和焦柳四条纵贯我国南北的铁路干线构成，主要担负我国南北地区之间物资交流和长途旅客运输的任务。

华东是我国经济较为发达的地区，铁路运输对这一地区的经济发展发挥着重要的支持作用。华东铁路干线主要由新、旧两大干线构成，旧线为沪杭线、浙赣线，新线为阜淮—淮南复线、宣杭线、皖赣线、合九线和芜裕轮渡。

西北是我国经济欠发达的地区，但同时又是我国矿产资源较丰富的地区，加快铁路建设对开发西部资源、带动西部经济发展具有重要的战略意义。经过多年的建设，西北地区已基本形成了兰新、包兰、宝中、西陇海等四条铁路干线。

西南是我国铁路建设条件较差、经济发展较为落后的地区。为开发大西南，国家从改善交通条件着手，投入了大量资金用于铁路建设，先后建成了举世闻名的成昆、南昆等铁路。目前已形成的以宝成、襄渝线为主的北通路和以湘黔、贵昆、南昆为主的南通路两大对外主通道，为加强西南与东南沿海及中部地区的沟通、加快西南地区经济开发创造了有利条件。

东北是我国老工业基地和重要的粮食、木材生产基地，铁路运输较为发达。目前已基本形成了以京沈、京通和集通线为主的三条进出关通道。

（2）铁路客货运输。

①铁路客运。近几年来，在全社会客运量稳步上升的同时，我国铁路客运量和客运周转量逐年下降、旅客平均运距逐渐延长；在铁路客运紧张状况逐步缓解的同时，铁路运输所占的市场份额持续下降。长期以来铁路运价偏低，并且承运了大量短途旅客，既挤占了铁路运输能力，又未能取得应有的经济效益，也妨碍了铁路旅客服务质量的提高。近几年来，随着铁路运输政策及客票价格的调整，相当一部分中短途客流分流到其他运输方式（主要是公路）上，从而使铁路承运长途旅客比能增大，铁路服务质量不断提高。

②铁路货运。铁路货运主要以大宗货物为主，煤炭、矿建材料、石油、粮食、木材等占总运量的85%以上，其中仅煤炭一项就占总货运量的46%。由于我国资源分布不均，产品产地与消费地之间的距离较远，

这使得许多货物的运输距离较长。我国铁路货运平均运距一般达 800 公里左右。近年来，随着社会主义市场经济体制的不断完善，人为的货物不合理流动逐步减少，加上我国经济结构调整、生产布局逐步趋向合理，铁路货运需求的增长相对趋缓、运输压力有所减轻，一些限制口的运输状况也逐渐好转，从而为铁路充分满足影响国民经济大局的煤炭、粮食等物资的运输创造了条件。

铁路在完成大宗货物运输的同时，为增强市场竞争能力，已在部分对铁路货运市场影响较大的区段开行一批定点、定线、定车次、定时、定价的"五定"货物快运班列，以快捷、方便、准时的运输服务，拓展货运市场。

2. 公路运输

改革开放以来，我国公路运输进入了一个新的发展时期，公路里程、公路运输量和民用汽车保有量均大幅度增长。

①公路网络。我国公路网络由国道、省道和县乡道路构成。国道为我国公路的主骨架，起着连接各省、自治区、直辖市的重要城市、港口、车站、工农业生产基地等作用。省道和县乡道路是国道的支线，起着省区范围内城乡之间联系和通过国道与省外联系的作用。目前，我国共有国道干线公路 69 条，总里程达 10.62 万公里。1988 年，我国第一条高速公路建成通车。高速公路的出现，有效地改善了干线公路的交通状况，使干线公路在全国公路网络中的地位和作用更加突出。

②公路客货运输。近些年来，公路客货运输发展较快，特别是公路客运，现已在客运体系中占有重要地位。

•公路客运。改革开放以来，特别是进入"八五"以来，随着我国公路状况的不断改善，公路客运以其快速、灵活、方便的优势快速发展。

导致公路客运量持续增长的主要原因：一是公路对铁路继续保持在中短途客运上的分流优势；二是公路客运因高速公路和其他高等级公路的发展而在中长途客运上逐步获得了市场竞争优势；三是场站及车辆等

服务设施和装备水平不断提高；四是公路客运的整体服务质量与水平在逐步改善，使公路客运对旅客的吸引力逐步提高。

● 公路货运。公路货运主要从事短途货物运输。

随着我国经济的发展和产业政策的逐步调整，全社会高新技术产品、高附加值、高时效性产品将逐渐增加；同时，由于我国区域经济发展的特点决定了地区间发展的不平衡，加上我国产业布局存在地理位置上的差异，地区间各类物资的交流仍将呈增加趋势，公路货运将以其小批量、快速、"门到门"运输的优势，在高价值、高时效的区域内及区域间货物运输中占有重要地位。

3. 水路运输

我国水运发展的特点是沿海港口和远洋运输发展较快，内河运输发展较缓慢。

（1）基础设施建设。我国目前已有沿海和内河重要港口 170 个，其中主要沿海港口 29 个，主要内河港口 28 个。共有泊位 6 424 个，其中沿海主要港口泊位为 1 282 个、深水泊位为 449 个。沿海港口在我国港口设施中发挥着主要作用。

（2）客、货运输。

①客运。水上客运由内河客运、沿海客运和远洋客运组成。因水上客运速度较慢，它在与其他运输方式的竞争中处于不利地位。

②货运。我国水运货运由远洋运输、近洋运输和内河运输组成。水上货运主要承担外贸进出口货物运输和国内能源（主要是煤炭）、矿建材料、粮食等的运输。除近、远洋运输因具有其他运输方式所不可替代的作用而稳步发展外，沿海及内河水运发展不是很乐观，除煤炭等大宗货物运输外，在件杂货及农副产品等对时效要求较高的物资的运输上，与其他运输方式相比已无优势可言。

4. 航空运输。

航空运输可以适应人们在长距离旅行时对时间、舒适性的要求以及快速货物运输需求，是我国正在快速发展的一种运输方式。我国的民航运输仍处于高速发展时期，除了客货运量每年增长速度保持在 18% 以上外，民航机场、民用飞机等均保持较高的发展速度。

5. 管道运输。

管道运输是一种较为特殊的运输方式，目前我国采用管道运输的主要是石油和天然气。

管道输送所涉及货物品类较少且较单一，因此，其在综合运输系统中的影响力小一些。但由于其安全性、稳定性较高，输送成本较低，而且占用土地较少，对环境基本不造成污染，因此，是今后许多输送量较大的气体、液体的较佳输送方式，煤等亦可转换成液体——煤浆进行输送。

（二）我国交通运输业发展存在的问题

（1）交通基础设施总体规模不能满足经济发展的需要。虽然我国的交通运输业有了较快的发展，但我国现有的交通基础设施总体规模仍然很小，不能满足经济社会发展对交通运输不断增长的需求。我国按国土面积和人口数量计算的运输网络密度，不仅远远落后于欧美等经济发达国家，就是与印度、巴西等发展中国家相比，也存在较大差距。

交通基础设施的缺乏，特别是在主要运输通道上客货运输能力的严重不足，将对国民经济的健康发展产生不利影响。

（2）交通运输业的发展尚不能满足人民生活水平提高的需要。随着经济的发展，居民的收入水平将不断提高。居民收入水平的提高将带来居民消费行为和消费方式的变化。在收入水平很低时，居民家庭将把他们的收入主要花费在食物和住房等一些生活必需品上。随着收入的增加，用于许多食物项目上的开支将增加，人们吃得更多更好。其食物结构将从以廉价的含大量碳水化合物的食品为主转向以昂贵的肉类、水果、可口的蔬菜等食品为主。然而，随着收入水平的进一步提高，总支出中用于食物的支出比重将下降。在收入达到很高的水平时，用于衣着、娱乐和一些所谓的奢侈品项目（包括出外旅游）的支出比重将增加。

由于经济条件越来越好和闲暇时间越来越多，出外旅游将成为人们经常性的消费，人们对旅游服务质量的要求也会越来越高。在信息化时代，每周例行的短途往返（从家里至办公地点，或从家里至超级市场选购生活用品）的次数将相对减少，但是人们参加特定目的的长途旅行的次数可能会比以前任何时候都多。我国交通系统的构造必须满足居民出外旅游在数量上和质量上的需要。

居民出外旅行，要求运输方式快捷、舒适、安全。然而，我国的交通运输业还不能完全满足这些要求：高速公路比重不大，高速铁路尚属空白，民用航空业还不发达，运输服务质量亟待提高等。

城市公共交通系统不够发达，路网密度不高，布局不够合理，城镇居民的工作和生活出行尚有诸多的不便。

（3）交通运输设施的区域布局不利于地区之间的协调发展。我国是社会主义国家，又是一个多民族的国家。从长远的观点来看，只有各地区之间实现了协调发展，国家的安全和社会的稳定才能得以保证。

目前，我国东部地区交通比较发达，而中西部地区特别是西部地区交通比较落后。中西部地区的发展受到了落后的交通运输的严重制约。而中西部地区地域广大，资源丰富，西部地区又是少数民族聚居的地区，他们的发展具有重要的战略意义，是国家安全之所系。

（4）交通运输业的能耗高、污染严重，不符合可持续发展的要求。在过去的一个时期内，交通运输的快速增长是以较严重的资源破坏和环境污染为代价的。随着我国国民经济的持续快速增长，以及交通运输与国民经济密不可分关系的加强，在今后相当长的一段时间内，交通运输的大发展是必然的趋势，若按照目前的交通运输现状延续发展，势必对资源和环境造成更加严重的影响。

目前，城市交通运输业的发展所带来的污染已经严重地破坏了居民的生存环境。机动车排放的尾气是城市空气污染的主要来源之一，严重危害着城市居民的生产生活环境。城市化的急速发展使得汽车的使用量每年以10%的速度增加，城市中的颗粒物和二氧化硫有相当一部分是由汽车排放的。汽车排污也是城市空气中含铅量增加的一个重要来源。交通管理的落后使交通混乱，车辆平均速度低，更加重了破坏性。例如北京的汽车数量只有洛杉矶的1/10，但是排污量却几乎相当。

（5）较低的交通运输技术和装备水平影响着运输效率的提高。我国在发展交通运输技术装备的过程中，走了一条立足本国同时积极引进国外先进技术和装备的路子，虽然改革开放后，随着我国经济实力的不断增强，在引进国外先进技术和装备方面有了较大发展，但从总体上讲，我国的交通运输在技术装备水平上与发达国家相比仍有较大差距。如铁路在货运重载、客运高速、自动化管理等方面，目前仍处于起步阶段；公路的许多重要路段混合交通仍较严重，汽车专用公路仅占公路总里程的1%，等外公路高达20%以上；内河航道基本上处于自然状态，高等级深水航道比重很小，能通行300吨级船舶的五级以上航道里程仅占12.3%；大部分港口装卸设备及工艺落后、效率低下，发达国家已极少采用的件杂货物运输方式在我国港口仍普遍存在；民航航空管制、通信导航技术及装备落后，已不适应民航的发展；交通运输工具则是先进与落后并存，且技术落后、状态较差的车辆、船舶居多数。技术状况的参差不齐和运力结构的不合理，既严重影响了运输效率的提高，又浪费了大量能源，还造成了严重的环境污染。

（6）各种运输方式分工不尽合理，市场竞争不规范，不利于优势的发挥。改革开放以来，我国各种运输方式均得到不同程度的发展，综合利用和发展各种运输方式问题日益受到重视，从而为充分发挥各种运输方式的技术经济优势和功能，实现各种运输方式合理分工和协调发展，力求达到最经济合理地满足运输需求，为保证运输安全、合理利用资源、保护环境等目标创造了有利条件。

世界各国在发展综合运输体系方面，都是根据本国的自然地理、经济和社会发展、技术进步等条件，制定运输发展政策，促进各种运输方式的合理分工和协调发展。但是，许多国家也走过一些弯路，如美国就出现了在高速公路和民用航空大发展之后，铁路运输竞争能力下降而大规模拆除铁路的交通运输发展历程。交通运输市场的自由竞争有其合理的一面，但所造成的资源浪费也是不可避免的。不过无论其交通运输的发展过程如何，有一点可以肯定，各种运输方式的合理分工和协调发展是综合运输体系的核心问题，也是交通运输发展的客观要求。

从我国交通运输结构情况看，公路运输和民用航空运输所占比重上升较快，这与我国经济发展，产业结构的变化紧密相关。经济越发达，产业结构中第二、三产业的比重逐渐增长，对高质量、高效率客货运输的需求越高，公路运输以其机动、灵活和"门到门"运输的优势，在公路状况和车辆装备水平提高的前提下，其承担的运输量必然增长；民航则因其快速、安全的运输也在经济高速发展过程中占有一席之地。这种发展趋势与发达国家的运输发展规律基本吻合。但是，由于我国在较长一段时期内对交通运输在国民经济发展中的地位与作用认识不足，这使得交通运输的发展严重滞后。我国目前的运输结构是在运输严重短缺的状况下形成的，各种运输方式在分工上只能通过"走得了"来实现。由于这种运输分工的不合理，在市场经济条件下，其市场竞争往往表现为不是通过提高服务来占领市场份额，而是满足大量并不适合其运输经济合理性的运输需求，市场范围交叉严重，在同类客货源上进行盲目竞争，使得各种运输方式合理分工无法真正实现。同时，分工的不明确，也妨碍各种运输方式通过取长补短进行协作，其结果是一方面运输短缺，不能很好适应经济社会发展对运输的需求；另一方面，各种运输方式又不能充分发挥出潜能，发挥其在综合运输系统中的优势。

（7）交通运输业承担着过多的社会责任，不利于其自身的发展壮大。交通运输业不仅是国民经济的基础产业，而且是关联度极高的产业，不仅实现着商品和人员的跨地域流动，而且承担着协调产业布局、带动经济落后地区发展、带动上下游产业发展的任务。我国的交通运输还承担着国家大量重点物资、紧急调运物资、救灾物资的运输任务，在支援国家重点经济建设、增强抵御与救治自然灾害能力、保证国家稳定、加强国防边防、巩固国家的政治统一等方面发挥着极大的作用。交通运输业绝大部分属于国有资产，能够满足社会和国家的急需，是应尽的责任，但是这些社会公益性的活动淹没在了经营性活动中，二者界限不清，交通运输运营单位得不到应有的补偿。有时某一铁路线路本身就是国土规划型的或社会目标型的，在相当长的时期内不可能有经济效益，其费用却要由其他经营型铁路的收益来承担，这是很不合理的。国家以双重目标要求交通运输业，既要实现社会目标又要完成经营目标，这就导致对某些运输方式的定性模糊，市场主体地位不明确，在市场上表现为成本提高，利润微薄，甚至亏损，缺乏竞争力。

（8）政企不分，阻碍了交通运输业的健康发展。在交通运输领域，普遍存在着政企不分的体制性问题，铁路运输系统更为明显。铁道部依然掌握着全路的主要生产、经营、投资、分配权力，既有铁路行业管理的职能，又有从事生产经营的职能；既代表国家行使国有资产的监督管理权，又有资产经营权；既是行业法规、条例的制定者，又是这些法规和条例的执行者，而被赋予法人地位的铁路局和铁路分局成为虚拟法人，既不具备法人财产权，也不具备完整的生产经营权，使铁路运输企业无法转型为规范的市场主体和法人主体，独立地面对市场配置运输资源。由于国家对铁路运输实行价格管制，这种价格既非来自市场供求状况，亦非来自企业自身的成本状况，铁路运输企业无法通过产品价格获取自身的正常经济收益。

铁路系统政企不分的主要根源之一是国家对铁路运输业的严格管制，由于铁路运价等的制定权尚未成为铁路运输企业的当然权力，在这种框架内即使铁道部与铁路运输企业实行政企分开，铁路运输企业也不可能成为市场主体。通过国家—铁道部—铁路运输企业三者之间的关系实现国家对运输业的严格管制，严重制约铁路运输业的发展。市场经济下国家交通运输业的发展，都经历了由国家对铁路部门实施严格管制到逐步放松管制的过程。因此改革我国铁路的运价形成机制，建立在宏观调控下由市场进行定价的新的价格机制，使运输企业走向市场，按市场需求特点组织和安排运输，在市场中提高竞争能力。

二、交通运输业会计的概念和特点

（一）交通运输业会计

交通运输业会计是以交通运输业为会计主体的一种行业会计。它是以货币为主要计量单位，运用专门的方法，对各类运输企业的经济活动进行全面的、连续的、系统的核算和监督，以促进运输企业加强经营管理、提高经济效益的一种管理活动。

广义的交通运输业包括铁路运输、公路运输、水路运输、航空运输、管道运输等所有交通运输业，而按照我国现行会计制度规定的狭义的交通运输业，是指不包括铁路运输、航空运输与管道运输企业在内的其他交通运输业。

财政部于1993年颁布的《（交通）企业会计制度》规定，该制度适用于"设在中华人民共和国境内的所有交通运输业，包括从事远洋、沿海、内河、公路运输企业，海河港口，仓储企业，外轮代理企业，以及城市公共汽（电）车、出租汽车、轮注、地铁等企业"。本条目采用会计制度规定的口径与工业企业相比，交通运输业的生产经营过程具有其明显的特征：工业企业的生产经营过程包括供应、生产和销售三个环节，而交通运输业的经营过程主要包括供应过程和营运过程，没有与生产过程相脱离而独立存在的销售过程。在交通运输业的供应过程中企业购买燃料、材料，货币资金转化为储备资金；营运过程中，企业要发生各种各样的耗费，包括汽车、船舶、装卸机构等固定资产的折旧、燃材料的消耗、工资支出、其他各项费用等，它们构成运输、装卸等营运业务的成本。在这个过程中，储备资金转化为生产资金。同时，企业向货主、旅客核收运费、装卸费等，收回货币资金，并形成运输、装卸等业务的营运收入。营运收入减去营运业务成本，即为企业的纯收入。其中一部分以税金形式上交国家财政，另一部分按规定提取公积金，并向投资人分配。上述经济活动即为交通运输业会计应反映和监督的内容。

（二）交通运输业会计的特点

运输企业会计是一种特殊业务会计，它的适用性局限于那些从事对外提供各种运输服务以获得一定收入的企业。交通运输业的特点决定了其会计具有与其他企业会计不同的特点。这些特点主要表现在以下几方面。

1. 收入结算的特殊性

运输企业通过提供各种运输服务而获得营运收入。由于公路、海域、水系、航道的区域性，货物流向要求运输的连续性，从而产生了各种运输方式，如直达运输、江海河联运、水陆联运等。此外，运输货物的种类较多，比较复杂，运量大小不等，运输距离有长途、短途，还有省内、省外、国内与国外之分。而运输收入通常一次性由运地或目的地核收，由此而产生在参与运输的各部门、各企业、各地区，以至各个国家之间进行结算与清算的大量工作。在运输企业的内部，各部门和单位之间因进行相互协作提供服务，也会产生各种内部结算工作，这些运输企业内、外的结算工作量大，发生频繁，涉及环节多，内容也复杂，这就形成了运输业务会计的一大特殊性。

2. 资金周转的特殊性

运输营运过程是生产过程和销售过程相统一的过程，即运输生产的完成也就是销售的实现。这就决定了运输业务的资金周转方式的特殊性。在运输业务的资金周转中，不需要进行产成品存货的账务处理，因为没有产成品资金的周转环节。

3. 计量单位的特殊性

运输生产的结果是劳动对象（所运货物与旅客）空间位置的移动，

即位移是运输生产的唯一结果，这就决定了运输生产计量单位的特殊性。运输生产计量单位是货物与旅客的周转量。货物与旅客周转量的计量取决于两个因素：一是数量，即货物的重量和旅客的人次；二是距离，即位移的公里、海里等。因此，运输生产的计量单位为人公里（海里）、吨公里（海里）和换算吨公里（海里）等。

4. 成本费用构成的特殊性

运输企业为了完成运输生产也需发生各项运营支出，形成营运成本。在运输企业营运成本的构成中，没有像工业产品成本那样具有构成产品实体并占相当高的比重的原材料和主要材料，而多是与运输工具使用有关的费用，如燃料、修理、折旧等支出。所以，在一定时期内的运输生产成本可视为这一期间的产品销售成本。而根据现行会计制度，这些成本在运输企业的"主营业务成本"科目中核算。

5. 计算对象的特殊性

交通运输业的劳动对象，不是对原材料加工制造，而是它所运输的商品。商品在运输后，不是物质形态的变化，而是空间位置的变化。商品经过运输，所追加的交换价值和其他任何商品的交换价值一样，都要有生产过程，也就是由运输过程中所消耗的生产要素的价值所决定的。交通运输业的材料，基本上是被运输设备在执行职能时所消费，或是在生产过程中起协助作用，或是以维护修理的形式将价值转移到所运输的商品上去。因此，成本和利润的计算不是对原材料加工完成的各批产品，而是对货物、船舶、车辆、航线、航次等不同计算对象所形成的特有的计算方法。

6. 基本业务核算的特殊性

工业企业和交通运输业都是从国家或银行或向社会集资获得货币资金，购买材料，支付工资和其他费用，供应过程是相同的，在生产过程中，都要消耗各种生产要素。交通运输业的不同之处在于没有与生产过程相分离的产品销售过程。企业进行运输生产过程，经过核收费用和装卸费等的结算过程（统称为"营运过程"），即可获得更多的货币资金。因而交通运输业会计在基本业务中不需要组织产成品和销售的核算。

此外，由于生产地点的流动分散，以及交通运输的特殊生产条件，交通运输业的工资结算也有其特殊的要求。不同运输企业由于生产条件、生产组织、生产过程、生产工具等不同，因此，铁路运输会计、公路运输会计、航空运输会计及船舶运输会计也有一定的差异。

小思考

交通运输业会计与一般企业会计有何区别？

1.2 交通运输业会计核算的基本前提和一般原则

一、会计核算的基本前提

会计核算的基本前提又称为会计假设，是指在进行会计核算时，对某些经济现象在无法确定发展趋势与最终演变的情况下，进行逻辑推理所作出的符合客观的科学推断。人们从长期的会计实践中，逐渐认识和掌握了经济活动规律，对各种不确定的经济现象作出合乎客观规律的科学判断，以保证会计核算的正确进行。我国会计核算的基本前提包括会计主体、持续经营、会计分期和货币计量等四项内容。

（一）会计主体

会计主体又称为会计实体，是指会计工作为其服务的特定单位或组织。在会计主体这一前提下，会计核算应当以企业发生的各项交易或事项为对象，记录和反映企业本身的各项生产经营活动。会计主体这一基本前提为会计人员在日常会计核算中对各项交易或事项作出正确判断、对会计处理方法和会计处理程序作出正确选择提供了依据。

首先，明确会计主体，才能划定会计所要处理的交易或事项的范围。只有对那些影响会计主体经济利益的交易或事项加以确认和计量，才能确定会计主体资产、负债和所有者权益的增减，收入的取得与费用的发生等。其次，明确会计主体，才能把握会计处理的立场。再次，明确会计主体，才能将会计主体的经济活动与会计主体所有者的经济活动区分开来，从而真实地反映会计主体的财务状况、经营成果和现金流量，为加强企业管理和进行经营决策提供可靠的会计信息。

（二）持续经营

持续经营是指会计主体的生产经营活动在可以预见的将来，将会按照目前的规模和状态持续不断地经营下去。

持续经营的会计核算前提表明企业不会停业，也不会大规模削减业务，从而解决了财产计价、费用和收益的确定问题。例如，企业经营中可供长期使用的固定资产和无形资产的价值，就是根据这一基本前提按其使用年限分期进行折旧或摊销的，从而转为企业各期的费用，并从各期的收益中得到补偿。如果企业经营状况恶化，处于破产清算的境地，那么有些资产就丧失了作为资产的性质，届时将需要对企业的全部资产重新进行计价，在计价时应考虑它的变现价值。

（三）会计分期

会计分期是指将会计主体持续不断的生产经营活动分割为一定的时间段。这样，以便于分期结算账目，计算盈亏，并向有关各方提供企业的会计信息。

在持续生产经营的情况下，作为会计主体的企业，其生产经营活动是持续不断的。那么，企业的经营成果只有在企业生产经营活动结束，变卖其所有的财产，清偿所有的债务后，将所剩的现款与投资者的投资额相比较后才能确定，这显然是不可能的。由于财政、税务部门、债权人和投资者需要及时了解企业的经营状况，并要求企业定期提供其纳税依据和决策的会计信息，这就需要将持续不断的经营活动，人为地划分为若干相等的、较短的期间，定期进行结账、报账，及时发挥会计信息的作用，以满足企业内部管理和外部决策的需要。

会计期间分为年度、半年度、季度和月度。半年度、季度和月度均称为会计中期。我国的会计年度的起讫日期采用公历日期。

（四）货币计量

货币计量是指以货币作为计量单位，记录和反映会计主体的生产经营活动。货币计量是会计核算的前提，在市场经济条件下，货币是衡量一般商品价值的共同尺度。因此，只有货币计量单位才能为会计核算提供一个普遍适用的手段，以全面反映企业的财务状况和经营成果。

在我国，由于人民币是国家法定的货币，因此规定以人民币为记账本位币。外商投资企业等业务收支以外币为主的企业，也可以选定以某种外币为记账本位币，但在编制和提供财务报表时应当将其折算为人民币反映。

二、会计核算的一般原则

会计核算的一般原则是指会计核算中对会计对象进行确认、计量的科学规范。它是从会计实践中总结出来的经验。这些经验在得到会计界公认后，上升为会计核算的一般原则，成为各个会计主体进行会计核算的共同依据，以保证会计信息的质量和可比性，更好地为国家进行宏观调控服务，以及为投资者、债权人作出正确的决策服务。会计核算的一般原则包括以下十三项。

（一）客观性原则

客观性原则又称真实性原则，是指企业的会计核算必须以实际发生的交易或事项为依据，如实地反映财务状况、经营成果和现金流量。

客观性原则要求会计核算必须以交易或事项发生时所取得的合法的书面凭证为依据，不得弄虚作假，伪造篡改凭证，以保证所提供的会计信息与会计反映对象的客观事实相一致，以便为进行经营决策和改善经营管理提供可靠的依据。

（二）实质重于形式原则

实质重于形式原则是指企业应当按照交易或事项的经济实质进行会计核算，而不应当仅仅按照它们的法律形式作为会计核算的依据。

在实际工作中，交易或事项的外在法律形式并不总能完全真实地反映实质内容。所以会计信息要想反映其拟反映的交易或事项，就必须根据交易或事项的实质和经济现实，而不能仅仅根据它们的法律形式进行核算和反映。

（三）相关性原则

相关性原则是指企业提供的会计信息应当符合国家宏观经济管理的要求，满足有关各方了解企业财务状况、经营成果和现金流量的需要，满足企业加强内部经营管理的需要。

会计信息的价值在于其与决策相关，有助于决策。如果提供的会计信息没有满足会计信息使用者的需要，对其经济决策没有什么作用，就不具有相关性。因此，相关性原则要求会计核算在收集、加工、处理和提供会计信息时，要充分考虑有关各方对会计信息的需求。

（四）一贯性原则

一贯性原则是指企业采用的会计核算方法前后各期保持一致，不得随意变更；如必须变更，应当将变更的内容和理由、变更的累积影响数，以及累积影响数不能合理确定的理由等，在财务报表附注中予以说明。

一贯性原则要求企业的会计核算前后各期方法一致，这样有利于比较分析不同会计期间的会计信息，从而对企业的财务状况和经营成果作出正确的判断，以提高企业预测和决策的准确性。

当原有的会计核算方法已不能满足决策人的要求时，可以对其作出必要的变更，以提供更确切的会计信息，但应将变更的会计核算方法在企业财务报表附注中作出相应的披露，使报表使用者作出正确的决策。

（五）可比性原则

可比性原则是指企业的会计核算应当按照规定的会计处理方法进行，会计指标应当口径一致，相互可比。

可比性原则要求企业必须按照国家统一规定进行会计核算，使各企业的会计核算都建立在相互可比的基础上，使其提供的会计信息，便于比较、分析和汇总，这样既能满足国民经济宏观调控的需要，又能使投资者和债权人对企业的财务状况、经营成果和现金流量，以及企业的发展趋势作出准确的判断。

（六）及时性原则

及时性原则是指企业的会计核算应当及时进行，不得提前或延后。

市场瞬息万变，企业竞争日趋激烈，这就要求企业及时收集、整理和提供会计信息以便各有关方面及时利用会计信息进行决策和调控。

（七）明晰性原则

明晰性原则是指企业的会计核算和编制的财务报表应当清晰明了，便于理解和利用。

明晰性原则要求会计信息清晰、易懂，能简单明了地反映企业的财务状况、经营成果和现金流量，以便于会计信息的使用者准确、完整地把握会计信息所要说明的内容，从而更好地加以运用。

（八）权责发生制原则

权责发生制原则是指企业的会计核算应当以权责发生制为基础。

权责发生制原则是指以应收应付为计算标准，来确定本期的收入和费用的一种方法。

凡在本期内实际发生的应属于本期的收入和费用，不论其款项是否收到或付出，均作为本期的收入和费用处理；反之，凡不是本期实际发生的不属于本期的收入和费用，即使其款项已经收到或付出，均不能作为本期的收入和费用处理。

权责发生制原则从时间上选择确定会计确认的基础，只有这样才能正确地反映企业的财务状况和经营成果。

（九）配比原则

配比原则是指企业在进行会计核算时，收入与其成本、费用应当相互配比。

配比原则是在权责发生制的基础上，根据成本、费用与收入的因果关系，将一个会计期间内的各项收入与其相关的成本、费用在同一会计期间内进行确认计量和记录，而不能提前或延后。对于一切预付的成本、费用，要递延到相关收入取得时，才能计列；对于与本期收入相关的一切未付成本和费用，则应在本期内预提，以达到收入与其相关的成本、费用相配比。

（十）历史成本原则

历史成本原则又称实际成本原则，是指企业的各项财产应当在取得时按照实际成本计价。除法律、行政法规和国家统一的会计制度另有规定外，企业不得自行调整其账面价值。

历史成本原则要求各项财产的成本以取得或制造时实际交易的价格或成本确定，这主要是因为历史成本是财产实际发生的成本，有客观依据，便于查核，也容易确定，比较可靠。

（十一）划分收益性支出与资本性支出原则

划分收益性支出与资本性支出原则是指企业的会计核算应当合理划分收益性支出与资本性支出的界限。凡支出的效益仅与本会计年度相关的，应当作为收益性支出；凡支出的效益与几个会计年度相关的，应当作为资本性支出。

企业的收益性支出是指为取得当期收益而发生的支出，因此发生时列入本期费用，通过与本期收益相配比，从本期收益中得到补偿。资本性支出是指为取得包括本期在内的各期收益而发生的支出，其支出的效益涉及多个会计期，因此只能在各受益期逐期转入成本或费用，从企业的收益中陆续得到补偿。

小思考

交通运输业购买运输车辆属于哪类支出？

（十二）谨慎性原则

谨慎性原则是指企业在进行会计核算时，不得多计资产或收益，少计负债或费用。

在市场经济条件下，企业存在着经营风险，实施谨慎性原则要求企业对存在的风险作出合理的预计，就能在风险实际发生之前化解风险，有利于企业作出正确的决策和提高其在市场上的竞争力。

（十三）重要性原则

重要性原则是指企业在会计核算过程中对交易或事项应当区别其重要程度，采用不同的核算方法。

重要性原则与会计信息的成本效益直接相关。因此，对于那些对企业资产、负债、损益等有较大影响的，并进而影响财务会计报告据以作出合理判断的重要交易或事项，必须按照规定的会计方法和程序进行处理，并在财务会计报告中予以充分、准确的披露；对于次要的交易或事项，在不影响会计信息真实性和不至于误导财务会计报告使用者作出正确判断的前提下，则可适当简化处理。

1.3 交通运输业的会计要素和会计科目

一、交通运输业的会计要素

会计要素是指为了实现会计目标对会计对象按其经济特征划分的大类，是用于反映企业财务状况、确定经营成果的基本单位。通过对会计要素的分类，有利于依据各个要素的性质和特点，分别制定对其进行确认、计量、记录、报告的标准和方法，并为合理建立会计科目体系和设计财务会计报告提供根据和基本框架。我国将会计要素划分为资产、负债、所有者权益、收入、费用和利润六类。

（一）资产

资产是指过去的交易、事项形成的并由企业拥有或者控制的资源，该资源预期会给企业带来经济利益，它包括各种财产、债权和其他权利。资产可以是货币的，也可以是非货币的；可以是有形的，也可以是无形的。它是交通运输业从事交通运输服务必须具备的物质基础。

（二）负债

负债是指过去的交易、事项形成的现时义务，履行该义务预期会导致经济利益流出企业。它是企业筹措资金的重要渠道，但不能归企业永久支配使用，必须近期归还或偿付，它实质上反映了企业与债权人之间的一种债权债务关系。

（三）所有者权益

所有者权益是指所有者在企业资产中享有的经济利益，其金额为资产减去负债后的余额。它包括企业投资者对企业的投入资本、资本公积和留存收益等。

（四）收入

收入是指交通运输业在提供劳务及让渡资产使用权等日常活动中所形成的经济利益的总流入。它包括主营业务收入和其他业务收入。企业应当合理地确认收入，并将已实现的收入及时入账。

（五）费用

费用是指交通运输业为提供劳务等日常活动所发生的经济利益的流出。费用按与收入的密切程度不同，可分为成本费用和期间费用。企业必须按照配比原则，合理地确认本期的费用。

（六）利润

利润是指企业在一定会计期间的经营成果，它包括营业利润、投资收益和营业外收支净额。

二、交通运输业的会计科目

会计科目是指为记录各项经济业务而对会计要素按其经济内容所进行分类的项目。

交通运输业的会计科目，按照其反映的经济内容，可以划分为资产类科目、负债类科目、所有者权益类科目、成本类科目和损益类科目五个大类。损益类科目又可以分为费用类科目和收入类科目两个小类。

小资料

交通运输业主要的会计科目如表1-1所示。

表1-1　会计科目表

顺序号	编号	名称	顺序号	编号	名称
	略	一、资产类			二、负债类
1		库存现金	38		应付职工薪酬
2		银行存款	39		应付股利
3		其他货币资金	40		应交税费
4		交易性金融资产	41		其他应付款
5		应收票据	42		预计负债
6		应收股利	43		长期借款
7		应收利息	44		短期借款
8		应收账款	45		应付票据
9		其他应收款	46		应付账款
10		坏账准备	47		预收账款
11		预付账款	48		应付债券
12		应收补贴款	49		长期应付款
13		材料采购	50		专项应付款
14		原材料	51		递延税款
15		低值易耗品			三、所有者权益类
16		材料成本差异	52		实收资本（股本）
17		委托加工物资	53		资本公积
18		存货跌价准备	54		盈余公积
19		长期股权投资	55		本年利润
20		长期股权投资减值准备	56		利润分配
21		固定资产			五、损益类
22		累计折旧			（一）收入类
23		固定资产减值	57		主营业务收入
24		工程物资	58		其他业务收入
25		在建工程	59		投资收益
26		在建工程减值准备	60		补贴收入
27		固定资产清理	61		营业外收入
28		无形资产			（二）费用类
29		无形资产减值准备	62		主营业务成本
30		未确认融资费用	63		营业税金及附加
31		长期待摊费用	64		其他业务成本
32		待处理财产损溢	65		销售费用
		四、成本类	66		管理费用
33		辅助营运费用	67		财务费用
34		营运间接费用	68		营业外支出
35		船舶固定费用	69		所得税费用
36		船舶维护费用	70		以前年度损益调整
37		集装箱固定费用			

1.4 交通运输业会计等式

一、会计基本等式（会计静态等式）

会计等式是指运用数学议程的原理来描述会计对象具体内容（即会计要素）之间相互关系的一种表达式。

交通运输业从事生产经营活动，必须拥有或控制一定数量和结构的、能满足其生产经营活动需要的资产，即能以货币计量并具有未来经济效益的经济资源。然而，交通运输业的资产不可能凭空形成，企业的资产都有特定的来源或形成渠道，资产无论以什么具体形态存在，都必须由资产的所有者提供，会计上将企业资产提供者对企业资产的要求称为权益。资产与权益各自具有特定的经济含义，它们分别反映企业经济活动的不同侧面。资产表明企业拥有多少经济资源和拥有什么经济资源，权益则体现由不同渠道取得这些经济资源时所形成的经济关系。资产和权益是同一经济活动的两个不同方面，二者相互依存，互为条件。资产不可能脱离权益而存在，没有资产，就没有有效的权益。有一定数额的资产，就必然有相同数额的权益。反之，有一定数额的权益，也必然有相同数额的资产。任何一个企业的资产总额与其权益总额必然相等。资产与权益之间这种客观存在的数量上的平衡关系，可以用下列等式表示：

$$资产 = 负债 + 所有者权益$$

这一等式叫会计恒等式或会计基本等式，简称会计等式。

各企业单位所拥有或控制的资产，其来源不外乎两个渠道，也就是对企业资产的要求权，即权益分为两部分：一是由企业的债权人提供的，如应付账款、应付债券等。这类权益属于债权人权益，又称为"负债"，负债在未偿付之前，是企业资产的一种来源。另一部分权益是企业投资人提供的，称为所有者权益，是企业资产的主要来源。债权人权益对企业资产的要求优先于投资人的要求权，因此，会计等式进一步表示为：

$$资产 = 债权人权益 + 投资人权益 = 负债 + 所有者权益$$

这种数量关系表明了企业一定时点上的财务状况，因此称为静态会计等式，它是编制资产负债表的理论依据。

二、会计基本等式的扩展（会计动态等式）

交通运输业在生产经营过程中，除了发生引起资产、负债和所有者权益要素增减变化的经济业务外，还会取得收入，并为取得收入而发生相应的费用。收入和费用相配比，其差额即为企业的经营成果。收入大于费用的差额即为企业的利润，反之为亏损。收入、费用和利润三者之间的关系，用公式表示如下：

$$收入 - 费用 = 利润$$

上述等式是从某个会计期间考察企业的最终经营成果而形成的恒等关系。它表明，从动态考察，某一期间的利润，是已实现的收入减去费用的差额，因此，我们称之为动态会计等式。

收入可以导致企业资产的增加或负债的减少，最终导致所有者权益的增加；而费用可导致资产的减少或负债的增加，最终导致所有者权益的减少。若收入大于费用，所有者权益将按确定企业净利润额增加；若收入小于费用，所有者权益将按确定的企业净亏损额减少，即企业的所有者要承担企业的盈亏。由于利润在未分配之前属于所有者权益，所以一定时期的经营成果必然影响一定时点的财务状况。所以在会计期间观察企业六大会计要素之间的关系时，上述会计等式可进一步扩展为以下会计等式：

$$资产 = 负债 + 所有者权益 + 利润$$

$$= 负债 + 所有者权益 + （收入 - 费用）$$

即：
$$资产 + 费用 = 负债 + 所有者权益 + 收入$$

上述等式在期初时，收入和费用表现为零；在期末收入和费用经过利润结算转入所有者权益。

综上所述，会计等式完整地表现了企业财务状况和经营成果及其形成过程，它是设置账户、复式记账、编制财务报表等会计核算方法的理论依据。

三、经济业务的类型及其对会计等式的影响

企业在生产经营过程中发生的经济活动在会计上称为经济业务，又称为会计事项。作为会计事项的经济活动必须具备两个条件：第一，能客观地用货币量度进行计价，也就是能够用货币加以表现；第二，可以改变会计要素具体项目的数量和内在联系。

随着各项经济业务的不断发生，必然引起有关会计要素发生增减变动。但是，无论企业的经济业务引起各项会计要素发生怎样的数量变动，都不会破坏会计等式的数量平衡关系，资产总额总是会等于权益总额。从经济业务对企业会计要素的影响来看，可以概括为四大类。

（1）一项资产增加，另一项资产减少，增减金额相等。

例：以银行存款 110 000 元购进一台运输车辆。

（2）一项权益增加，另一项权益减少，增减金额相等。

①一项负债增加，另一项负债减少。

例：向银行借入短期借款 50 000 元偿还前欠物资公司货款。

②一项所有者权益增加，另一项所有者权益减少。

③一项负债增加，一项所有者权益减少。

④一项所有者权益增加，一项负债减少。

（3）资产与权益同时增加，双方增加金额相等。

①一项资产增加，一项负债增加。

②一项资产增加，一项所有者权益增加。

例：投资人又向企业投入资本 300 000 元，存入银行。

（4）资产与权益同时减少，双方减少金额相等。

①一项资产减少，一项负债减少。

②一项资产减少，一项所有者权益减少。

例：企业以银行存款偿还某运输公司运费 20 000 元。

小思考

交通运输业缴纳企业所得税属于哪种变化？

1.5 交通运输业会计账户

一、账户的意义

设置会计科目只是对会计要素的分类结果规定一个名称。要把发生的经济业务系统、完整、连续地记录下来，还须借助一定的记账实体，而账户就是根据会计科目在账簿中开设的，用来分类记录经济业务内容的，具有一定格式和结构的记账实体。

账户与会计科目是既有联系又有区别的两个概念。

1. 会计科目和账户的联系

（1）分类对象同一，因而它们反映的经济内容是一致的。

（2）设置原则一致。

2. 会计科目与账户的区别

（1）从时间上看，会计科目是在经济活动发生之前，事先对如何反映会计对象具体内容作出的分类规范，而账户则是在经济活动发生以后对其作出的分类记录。

（2）从分类上看，会计科目主要按经济内容分类，而账户在按经济内容分类的基础上还可以按用途和结构分类。

（3）从设置上看，会计科目是由国家有关部门统一规定的，具有统一性；账户则是企业、事业、行政等单位根据会计科目的规定和管理的需要在账簿中开设的，具有相对的灵活性。

在会计核算中，账户是分类核算和监督会计对象的重要工具。设置和运用账户，是会计核算方法体系中的一个重要环节，也是应用复式记账的条件。各单位在会计核算中必须根据会计科目开设账户。一方面，应当根据会计科目按经济内容分类开设，如商品交通运输业开设资产类账户、负债类账户、所有者权益类账户、损益类账户；另一方面，应当根据会计科目按提供核算指标的详细程度分别开设总分类账户、二级账户和明细分类账户，使整个账户记录形成一个总括和明细相结合的体系，全面反映企业的经济活动和财务收支，为经济管理提供各种各样的核算资料。

二、账户的基本结构

账户的结构是指在账户中如何记录经济业务，用以反映特定的经济内容，以便取得各种必要的指标。

作为会计对象的会计要素，随着经济业务的发生不断产生数量上的增减变动，因此，用来分类记录经济业务的账户必须具有一定的结构。由于各项经济业务引起的会计要素的变动不外乎增加和减少两种情况，因此，账户必须分为左右两方，一方登记增加，另一方登记减少，同时，还需要反映增减变动后的结果，即余额。

采用不同的记账方法，账户的结构是不同的；即使采用同一种记账方法，账户性质不同，其结构也是不同的。但是，不管采用何种记账方法，也不论是何种性质的账户，其基本结构总是相同的。账户的基本结构就是账户哪一方登记增加，哪一方登记减少，余额在哪一方，表示什么内容。

在会计工作中，账户的格式（基本结构）一般包括以下内容：账户的名称，即会计科目；日期和摘要，即经济业务的发生时间和内容；凭证号数，即账户记录的来源和依据；增加和减少的金额及余额，如表1-2所示。

表1-2　账户的格式

账户名称（会计科目）：

年		凭证号数	摘　要	左　方	右　方	余　额
月	日					

账户左右两方记录的主要内容是增加额和减少额。增减相抵后的差额，即为账户余额。因此在每个账户中所记录的金额，可以分为期初余额、本期增加额、本期减少额和期末余额。本期增加额和本期减少额是指在一定的会计期间内（如月份、季度或年度），账户在左右两方登记的增加金额合计和减少金额合计，也称为本期增加发生额和本期减少发生额。本期增加发生额和本期减少发生额相抵后的差额即为本期的期末余额。如果将本期的期末余额转入下一期，就是下一期的期初余额。上述四项金额的关系可以用公式表示如下：

本期期末余额 = 期初余额 + 本期增加发生额 − 本期减少发生额

账户的左右两方是按相反方向来记录增加额和减少额的，也就是说，如果账户在左方记录增加额，则在右方记录减少额；反之，如果账户在右方记录增加额，则在左方记录减少额。如资产、费用、成本类账户借方登记增加额，贷方登记减少额；负债、所有者权益、收入类账户借方登记减少额，贷方登记增加额。账户的余额一般与记录增加额在同一方向。

为了便于教学，在教科书中将账户的基本结构用简化格式"T"形来表示。"T"形账户的形式如下：

左方　账户名称（会计科目）　右方

三、账户的分类

账户分类是指按照账户的本质特性，依据一定的原则，将全部账户进行科学的概括和归类。

研究账户的分类，目的在于了解各类账户能够提供什么性质的经济指标，揭示账户的共性和特性，完善账户体系，进一步掌握各种账户在提供核算指标方面的规律性，以便科学地设置账户，正确地使用账户。账户分类的标志主要有按会计要素分类和按用途和结构分类。

（一）账户按会计要素分类

账户按会计要素分类就是按会计核算和监督的会计对象的具体内容进行分类，它是按照财务报表的组成项目对会计对象具体内容的基本分类，是会计对象的具体化。据此，可以将账户按会计要素相应划分为资产类账户、负债类账户、所有者权益类账户、成本类账户和损益类账户。账户按会计要素进行的分类，如图 1 - 1 所示。

1. 资产类账户

资产类账户是用来核算各类资产的增减变动及结存情况的账户。资产类账户反映的会计内容，既有货币的，又有非货币的；既有有形的，又有无形的。资产类账户具体分为以下几个主要类别。

（1）流动资产类账户。

流动资产类账户反映交通运输业可以在资产负债表日起一年内或者超过一年的一个正常营业周期内变现或者耗用的资产。

（2）非流动资产类账户。

非流动资产类账户包括反映交通运输业的长期股权投资、固定资产、无形资产和其他资产等财产、债权和其他权利的账户。

小思考

为什么要把资产划分为流动性资产和非流动性资产？

2. 负债类账户

负债类账户反映交通运输业由过去的交易、事项形成，并预期于履行时导致经济利益流出企业的现时义务。负债按其在形成时确定的偿还期的不同分为流动负债和长期负债。

流动负债类账户反映交通运输业自资产负债表日起在一年内或者超过一年的一个正常营业周期内偿还的债务。

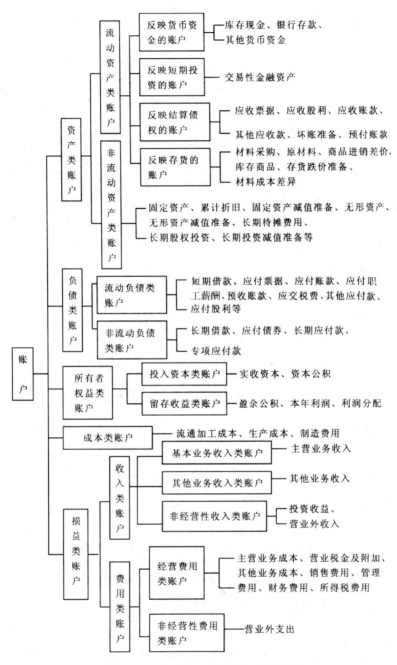

图 1-1　账户按会计要素分类示意图

小思考

把负债划分为流动负债和长期负债的目的是什么？

3. 所有者权益类账户

所有者权益类账户反映所有者在交通运输业资产中享有的经济利益。按其形成的方式，该类账户可分为投入资本类账户和留存收益类账户。

4. 成本类账户

成本类账户反映交通运输业流通加工、提供劳务而发生的经济利益的流出，表明了由此发生的企业经济资源的耗费。

5. 损益类账户

损益类账户反映某一会计期间的一切经营活动和非经营活动的所有损益内容，包括收入类账户和费用类账户。

（二）账户按用途和结构分类

账户按会计要素分类，可以明确各类账户所反映的各项具体内容，但无法详细说明各类账户的用途和结构，即各类账户的作用以及它们如何提供企业经营管理和对外报告所需要的各种核算指标。

账户的用途是指账户的作用，即设置、运用账户的目的和账户记录所能提供的经济信息。

账户的结构是指账户能够登记增加、减少和结余的三个栏目以及各自所能反映的经济内容。

账户按用途和结构分类，把所有在用途和结构上相互联系，并具有某些共同特点的账户加以归类。一般可以划分为盘存账户、资本账户、债权账户、负债账户、待处理账户、调整账户、集合分配账户、成本计算账户、集合汇转账户和财务成果账户。账户按用途和结构的分类，如图 1-2 所示。

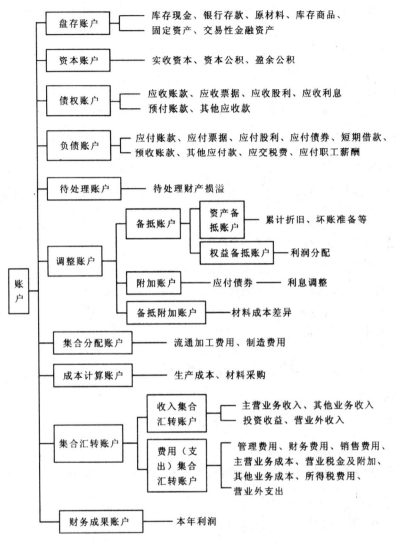

图 1-2 账户按用途和结构分类示意图

1. 盘存账户

盘存账户是用以核算和监督各项财产物资和货币资金增减变动情况及其实有数额的账户，属于资产类账户。

2. 资本账户

资本账户是用来核算和监督交通运输业从外部各种渠道取得的投资，

以及内部形成的积累增减变化及其实有数额的账户，属于所有者权益类账户。

3. 债权账户

债权账户也叫债权结算账户，它是用来核算和监督交通运输业与各个债务单位和个人在经济往来中发生的各种应收款项的账户，属于资产类账户。

4. 负债账户

负债账户也叫债务结算账户，它是用来核算和监督交通运输业与各个债权单位或个人在经济往来中发生的各种应付款项的账户。

5. 待处理账户

待处理账户是用来核算和监督交通运输业尚未批准核销的盘盈、盘亏和毁损的财产物资的过渡性账户。

小思考

财产物资的盘盈、盘亏和毁损发生时应该登记在哪方？转销时又登记在哪方？

6. 调整账户

调整账户是用于调整某个账户（即被调整账户）的余额，以表明被调整账户的实际余额而设置的账户。

（1）备抵账户。

备抵账户也称抵减账户，是用来抵减被调整账户的余额，以求得被调整账户调整后实际余额的账户，如"累计折旧"与"固定资产原值"。

固定资产原始价值 – 固定资产累计折旧 = 固定资产净值

（2）附加账户。

附加账户是用来增加被调整账户的余额，以求得被调整账户调整后实际余额的账户。如"应付债券——面值"和"应付债券——利息"。

发行在外的债券总面值＋相应发行在外的债券溢价（总利息）＝发行在外的债券的实际负债额

（3）备抵附加账户。

备抵附加账户是以备抵或附加的方式来调整被调整账户的账面余额，以确定被调整账户实有数额的账户，如"材料成本差异"与"原材料"。

小思考

调整账户在企业管理中起什么作用？

7. 集合分配账户

集合分配账户是用来归集和分配生产经营过程中某一阶段所发生的成本费用，并借以核算和监督该阶段费用预算执行情况和费用分配情况的账户。

8. 成本计算账户

成本计算账户是用来核算和监督交通运输业在生产经营过程中某一经营阶段所发生的全部费用，并借以确定该过程各成本计算对象实际总成本和单位成本的账户。

9. 集合汇转账户

集合汇转账户是用来汇集交通运输业在某一期间内从事经营活动或其他活动的某种收入或支出，并如期结转该项收入或支出的账户。它可以划分为收入集合汇转账户和费用集合汇转账户两类。

10. 财务成果账户

财务成果账户是用来计算并反映一定期间交通运输业全部经营业务活动的最终成果，并确定企业利润或亏损数额的账户。

小思考

批发商品购进和销售过程需要设置哪些账户？账户结构如何？

1.6 借贷记账法

一、复式记账概述

记账方法是指对客观发生的会计事项在有关账户（或账簿）中进行登记时所采用的方法。记账方法一般都是由记账符号、所设账户、记账规则和试算平衡等内容构成的。记账方法有单式记账法和复式记账法之分。我国现行采用的是复式记账法。

复式记账法是指对每一项经济业务，都以相等的金额，同时在相互联系的两个或两个以上的账户中进行登记的一种记账方法，它按采用的记账符号和记账规则不同划分为借贷记账法、收付记账法和增减记账法。借贷记账法是最科学、最完善的复式记账法。我国《会计准则》规定"会计记账采用借贷记账法"。

二、借贷记账法

借贷记账法是以"借""贷"为记账符号，以记录和反映经济业务增减变化及结果的一种复式记账方法。借贷记账法的基本内容如下。

（一）记账符号

借贷记账法是以"借""贷"为记账符号，即用"借"和"贷"作为指明应记入某一账户的某一部分（方向）的符号。

"借"和"贷"的含义是：第一，它将每一个账户都固定地分为两个相互对立的部分，账户左方称为借方，右方称为贷方，以此来表示账户内容的增减变化；第二，具有双重含义，如表1-3所示。

表1-3 "借"和"贷"含义表

账户类别	借方	贷方
资 产	增 加	减 少
费 用	增 加	减 少
负 债	减 少	增 加
所有者权益	减 少	增 加
收 入	减 少	增 加

小知识

对于初学者来说，不要研究"借""贷"符号双重含义的由来，只需要记住表1-3所列的增减法则，因为这方面的研究太复杂，并且我国的研究专著已有定论。

（二）账户的设置和结构

在借贷记账法下，应按照账户反映的经济内容设置账户。账户区分为资产类账户、负债类账户、所有者权益类账户、成本类账户、损益类账户。此外，还可以设置反映债权、债务结算情况的往来账户（属于双重性质的账户）。

1. 资产类账户的结构

资产类账户的结构是：借方登记资产的增加额，贷方登记资产的减少额，期末余额在借方。资产类账户的结构如表1-4所示。

表1-4 资产类账户结构

借方 资产类账户 贷方	
期初余额×××	
本期增加额×××	本期减少额×××
本期发生额合计数×××	本期发生额合计数×××
期末余额×××	

资产类账户的期末余额一般在借方，其计算公式如下：

资产类账户期末余额 = 借方期初余额 + 借方本期发生额 − 贷方本期发生额

成本类账户的结构与资产类账户的结构基本相同，可比照资产类账户进行登记。

小思考

想想看，"银行存款"账户、"管理费用"账户、"主营业务收入"账户、"资本公积"账户，哪个账户余额出现在贷方，就表明记账出现了差错？

2. 负债及所有者权益类账户的结构

负债及所有者权益类账户的结构与资产类账户正好相反，即其贷方登记负债及所有者权益的增加额，借方登记负债及所有者权益的减少额。期末余额在贷方。负债及所有者权益类账户的结构如表 1 - 5 所示。

表 1 - 5　负债及所有者权益类账户结构

借方　　　负债及所有者权益类账户　　　贷方	
	期初余额 ×××
本期减少额 ×××	本期增加额 ×××
本期发生额合计数 ×××	本期发生额合计数 ×××
	期末余额 ×××

负债及所有者权益类账户的期末余额一般在贷方。其计算公式如下：

负债及所有者权益类账户期末余额 − 贷方期初余额 + 贷方本期发生额 = 借方本期发生额

3. 损益类账户的结构

反映各项损益的账户称为损益类账户。损益类账户按反映的具体内容不同，又可分为反映各项收入的账户和反映各项费用支出的账户。

收入类账户的结构与所有者权益类账户的结构基本相同，贷方登记收入的增加额，借方登记收入的转出额（减少额）。由于贷方登记的收入增加额期末一般都是从借方转出，以便确定一定期间的利润，因此，该类账户通常没有期末余额。

收入类账户和利润类账户的结构如表1-6和表1-7所示。

表1-6　收入类账户结构

借方	收入类账户	贷方
本期转出额×××		本期增加额×××
本期发生额×××		本期发生额×××
		期末余额0

表1-7　利润类账户结构

借方	利润类账户	贷方
本期减少额×××		期初余额（年初无余额）×××
		本期增加额×××
本期发生额×××		本期发生额×××
		期末余额（年末无余额）×××

费用支出类账户的结构与资产类账户的结构基本相同，借方登记费用支出的增加额，贷方登记费用支出的转出额（减少额）。由于借方登记的费用支出增加额期末一般都要从贷方转出，以便确定一定期间的利润，因此，该类账户通常没有期末余额。

费用支出类账户的结构如表1-8所示。

表 1-8　费用支出类账户结构

借方	费用支出类账户	贷方
本期增加额××		本期转出额×××
本期发生额合计数×××		本期发生额合计数×××
期末余额 0		

综合以上各类账户结构的说明，将全部账户借方和贷方所记录的经济内容加以归纳，如表 1-9 所示。

表 1-9　账户（会计科目）的经济内容

借方	账户名称（会计科目）	贷方
资产的增加		负债的增加
成本的增加		所有者权益的增加
费用支出的增加		收入的增加
负债的减少		资产的减少
所有者权益的减少		成本的减少
收入的转销		费用支出的减少
期末余额：资产或成本余额		期末余额：负债或所有者权益余额

（三）记账规则

记账规则是指运用记账方法记录经济业务时应当遵守的规律，是记账方法本质特征的具体表现。借贷记账法的记账规则就是有借必有贷，借贷必相等。

（四）试算平衡

试算平衡是指为保证会计账务处理的正确性，依据会计等式或复式记账原理，对本期各账户的全部记录进行汇总和测算，以检查账户记录的正确性和完整性的一种方法。

在借贷记账法下，试算平衡可以按照下列公式进行。

总分类账户本期发生额试算平衡公式：

全部账户借方本期发生额合计数＝全部账户贷方本期发生额合计数

总分类账户期末余额试算平衡公式：

全部账户借方期末余额合计数＝全部账户贷方期末余额合计数

小思考

若试算平衡就能肯定记账没有错误吗？为什么？

（五）会计分录和账户对应关系

为了保证账户记录的正确性，对每一项经济业务，在记入有关账户之前，首先应根据经济业务发生时取得或填制的原始凭证编制会计分录。会计分录是指对每一项经济业务，按照借贷记账法的要求，分别列示其应借和应贷账户及其金额的一种记录。会计分录是登记账簿的依据，会计分录的正确与否，直接影响到账户记录的正确性，影响到会计信息的质量。

运用借贷记账法编制会计分录，一般按以下步骤进行。

首先，根据经济业务的内容，进行会计确认，判定每项经济业务涉及哪两个或两个以上账户发生变化，其变化是增加还是减少。

其次，根据账户所反映的经济内容，确定所涉及的账户属于什么性质的账户，按照账户的结构，确定应该记入到有关账户的借方或贷方。

最后，根据借贷记账法的记账规则，确定应记入每个账户的金额。

【例 1－1】交通运输业收到投资者追加投资 600 000 元，并存入银行。这笔经济业务的发生，涉及资产和所有者权益两个会计要素中有关项目同时发生变化，一方面，使所有者权益方面的投入资本增加了 600 000 元，应记入"实收资本"账户的贷方；另一方面，使资产方面的银行存款也增加了 600 000 元，应记入"银行存款"账户的借方。这笔经济业务的"T"形记录如下：

```
          借方    实收资本    贷方      借方    银行存款    贷方


                    600 000 ——————— 600 000
```

编制会计分录如下：

借：银行存款   600 000

　　贷：实收资本   600 000

【例1-2】交通运输业购入运输车辆一台，价值为120 000元，价款未付。这笔经济业务的发生，涉及资产和负债两个会计要素中有关项目同时发生变化，一方面，使资产方面的固定资产增加了120 000元，应记入"固定资产"账户的借方；另一方面，使负债方面的应付账款增加了120 000元，应记入"应付账款"账户的贷方。这笔经济业务的"T"形记录如下：

```
          借方    应付账款    贷方      借方    固定资产    贷方


                    120 000 ——————— 120 000
```

编制会计分录如下：

借：固定资产   120 000

　　贷：应付账款   120 000

【例1-3】交通运输业向银行借款120 000元，直接偿还前欠购车款。这笔经济业务的发生，涉及负债中两个项目同时发生变化，一方面，使负债方面的银行借款增加了120 000元，应记入"短期借款"账户的贷方；另一方面，使负债方面的应付账款减少了120 000元，应记入"应付账款"的借方。这笔经济业务的"T"形记录如下：

```
借方    短期借款    贷方      借方    应付账款    贷方

            120 000 ——————— 120 000
```

编制会计分录如下：

借：应付账款　　　　　　　　　　　　　　　120 000

　　贷：短期借款　　　　　　　　　　　　　　120 000

【例 1-4】交通运输业以银行存款 190 000 元支付本企业工人工资。这笔经济业务的发生，涉及资产和负债两个会计要素中的有关项目同时发生，一方面，使资产方面的银行存款减少了 190 000 元，应记入"银行存款"账户的贷方；另一方面，使负债方面的应付职工薪酬减少了 190 000 元，应记入"应付职工薪酬"账户的借方。这笔经济业务的"T"形记录如下：

```
借方    银行存款    贷方      借方   应付职工薪酬    贷方

            190 000 ——————— 190 000
```

编制会计分录如下。

借：应付职工薪酬　　　　　　　　　　　　　190 000

　　贷：银行存款　　　　　　　　　　　　　　190 000

知识结构图

交通运输会计总论
- 交通运输业会计概述
  - 交通运输业概述
    - 我国交通运输业的发展现状
    - 我国交通运输业发展存在的问题
  - 交通运输业会计的概念和特点
- 交通运输业会计核算的基本前提和一般原则
  - 会计核算的基本前提
  - 会计核算的一般原则
- 交通运输业的会计要素和会计科目
  - 会计要素：资产、负债、所有者权益、收入、费用和利润
  - 会计科目的概念、分类
- 交通运输业会计等式
  - 基本等式：会计静态等式
  - 扩展等式：会计动态等式
  - 经济业务对会计等式的影响和变化
- 交通运输业会计账户
  - 账户的概念、账户与会计科目的联系与区别
  - 账户的结构、格式
  - 账户的分类
    - 按会计要素分类
    - 按用途和结构分类
- 借贷记账法
  - 复式记账法概述
  - 借贷记账法
    - 记账符号
    - 账户的设置、结构
    - 记账规则
    - 试算平衡
    - 会计分录的定义、编制步骤

第 2 章

交通运输业资产核算

2.1 货币资金核算

案例导入

某交通运输企业某年1月发生的部分经济业务如下：

（1）1日职工叶流出差回来，有关的费用单据共计支出1 170元，原借支1 000元，差额170元即用现金补付。

（2）3日向中国石油公司广州分公司购买汽油20 000元，开出不带息票据。

（3）10日为A公司提供交通运输服务，将运费收入30 000元入账。

（4）15日开出转账支票一张，金额为23 000元，偿付前欠B厂的购货款。

（5）31日，进行现金清查，发现现金溢余130元，原因待查。

（6）收到银行转来的委托收款凭证的付款通知和电话收费单据，支付电话费3 100元。

（7）31日，编制1月末的银行存款余额调节表。

对于上述经济业务的会计处理，通过本项目的学习，我们将会熟练掌握。

一、货币资金的概念和分类

（一）货币资金的概念

货币资金是指企业以货币形态存在的资产，是企业所有资产中流动性最强的资产。企业在开展经济活动中发生的资金筹集、购置固定资产、交通运输服务款项结算、债权债务清偿、工资发放、费用开支、税金缴纳、股利支付和对外投资等交易或事项，都是通过货币资金的收付而实现的。

交通运输业必须保持一定的货币资金持有量，确保企业具有直接支付的能力，使其经济活动得以顺利进行；同时，要注意加强货币资金的管理与核算，保证交通运输业经营活动的正常进行，提高资金的使用效率，保证货币资金收入属实，支出正当，保管妥善，从而有效防止不法行为的发生。

（二）货币资金的分类

货币资金按其存放地点和用途不同，可分为库存现金、银行存款和其他货币资金三类。

1. 库存现金

库存现金有广义和狭义之分。广义的现金即货币资金；狭义的现金是指交通运输业的库存现金，是企业财务部门为了备付日常零星开支而保管的现金。我国会计上所说的库存现金是狭义的现金。

2. 银行存款

银行存款是指交通运输业存放在银行或其他金融机构的各种款项。

3. 其他货币资金

其他货币资金是指交通运输业除库存现金、银行存款以外的各种存款。它包括银行本票存款、银行汇票存款、信用卡存款、外埠存款、信用证保证金存款和存出投资款等。

二、库存现金的核算

（一）库存现金的管理

1. 库存现金限额的管理

我国的《现金管理暂行条例》规定，各企业都要核定库存现金限额，原则上根据该企业 3～5 天的日常零星现金开支的需要确定，边远地区和交通不发达地区的库存现金限额可以适当放宽，但最多不得超过 15 天。

由企业根据现金日常零星的支用情况提出所需的库存现金限额，超过限额的部分必须在当天解存银行。企业若需要补充库存现金时，必须签发现金支票，向银行提取现金。

2. 库存现金收入和付出的管理

企业收入的现金在一般情况下必须于当天解存银行，如当天不能及时解存银行的，应于次日解存银行，不得予以坐支。坐支是指企业从业务收入的现金中直接支付。

企业因特殊情况需要坐支现金的，应当事先报经开户银行审查批准，由开户银行核定坐支范围和限额，企业定期向银行报送坐支金额和使用情况。

企业必须严格按照财务制度规定的使用范围支用现金。主要范围有职工薪酬、差旅费和结算起点以下的零星支出等。

3. 库存现金的内部控制制度

为了加强库存现金的管理，企业要坚持"钱账分管"的内部控制制度。企业现金的收付保管，应由出纳人员负责。出纳人员除了登记现金日记账和银行存款日记账外，不得兼办费用、收入、债务、债权账簿的登记工作，以及稽核和会计档案的保管工作，以杜绝弊端。

小思考

会计人员与出纳员工作的区别是什么？

（二）库存现金的核算

1. 账户设置

企业应设置"库存现金"账户对库存现金进行总分类核算。"库存现金"是资产类账户，用以核算库存现金的收入、付出和结存。收入现金时，记入借方；付出现金时，记入贷方；余额在借方，表示库存现金的结存数额。

现金的明细分类核算是通过设置现金日记账进行的。现金日记账由出纳人员根据审核后的收付款凭证，按照业务发生顺序逐笔登记。每日终了，应计算当日现金收入、付出合计数和结余数，并且同实际现金库存数额进行核对，做到账款相符；每月终了，应将现金日记账的余额与现金总账的余额核对相符。

2. 库存现金收付的账务处理

【例2-1】大通交通运输业开出现金支票一张，从银行提取现金2 000元。编制会计分录。

借：库存现金　　　　　　　　　　　　　　　2 000
　　贷：银行存款　　　　　　　　　　　　　　　2 000

【例2-2】大通交通运输业购买办公用品支付现金500元。编制会计分录。

借：管理费用　　　　　　　　　　　　　　　500
　　贷：库存现金　　　　　　　　　　　　　　　500

【例2-3】大通交通运输业职工陈阳出差，预借差旅费1 000元，以现金支付。编制会计分录。

借：其他应收款——备用金——陈阳　　　　　1 000
　　贷：库存现金　　　　　　　　　　　　　　　1 000

【例2-4】职工陈阳出差回来报销差旅费900元，余款100元交回现金。编制会计分录。

借：管理费用　　　　　　　　　　　　　　　900
　　库存现金　　　　　　　　　　　　　　　100
　　贷：其他应收款——备用金——陈阳　　　　　1 000

3. 库存现金清查和溢缺的账务处理

交通运输业应经常对现金进行清查，清查的基本方法是实地盘点法。现金清查既包括出纳人员每日营业终了时进行的清点核对，还包括清查小组进行定期和不定期的盘点和核对。对现金实存额进行盘点，必须以现金管理的有关规定为依据，不得以白条抵库，不得超限额保管现金。在清查中如果发现账实不符，应立即查明原因，及时更正。对有待查明原因的现金短缺或溢余，应通过"待处理财产损溢"账户核算，待查明原因后，再根据不同的情况进行不同的处理。

小思考

库存现金出现溢缺的原因是什么？

（1）现金短缺时的处理。

属于应由责任人赔偿的部分，转入"其他应收款——应收现金短缺（某个人）"账户；属于应由保险公司赔偿的部分，转入"其他应收款——应收保险赔款"账户；属于无法查明的其他原因，根据管理权限，经批准后，转入"管理费用"账户。

（2）现金溢余时的处理。

属于应支付给有关人员或单位的，转入"其他应付款——应付现金溢余（某个人或单位）"账户；属于无法查明原因的现金溢余，经批准后，转入"营业外收入——现金溢余"账户。

【例2-5】企业在现金清查中，发现现金短缺600元，原因待查。编制会计分录。

借：待处理财产损溢——待处理流动资产损溢   600
　　贷：库存现金   600

以后查明短缺原因，其中100元是出纳员李方工作失职造成的，应由其负责赔偿；350元确认由保险公司赔偿；150元无法查明原因，经批准后转作管理费用。编制会计分录。

借：其他应收款——应收现金短缺——李方   100
　　其他应收款——应收保险赔款——某保险公司   350
　　管理费用   150
　　贷：待处理财产损溢——待处理流动资产损溢   600

三、银行存款的核算

(一) 银行存款的管理

交通运输业根据业务的需要在当地银行或其他金融机构开立银行存款账户，进行存款、取款和各种收支转账业务的结算。企业的银行存款账户分为基本存款账户、一般存款账户、临时存款账户和专用存款账户四类。

企业只能选择一家银行的一个营业机构开立一个基本存款账户，主要用于办理日常的转账结算和现金收付。企业的工资、奖金等现金的支取，只能通过该账户办理。企业可在其他银行的一个营业机构开立一般存款账户，该账户可办理转账结算和存入现金，但不能支取现金。临时存款账户是存款人因临时经营活动需要开立的账户。专用存款账户是企业因特定用途需要开立的账户，如基本建设项目专项资金。企业的交通运输服务收入款项不得转入专用存款账户。

企业开立基本存款账户，必须凭中国人民银行当地分支机构核发的开户许可证办理。企业不得为还贷、还债和套取现金而多头开立基本存款账户，不得出租、出借账户，不得违反规定在异地存款和贷款而开立账户。

交通运输业银行存款收入的来源主要有国家、其他企业和个人等投资者投入企业的现款，企业取得的短期借款、长期借款和发行债券取得的款项，交通运输服务收入，其他业务收入和营业外收入的款项等；交通运输业银行存款的支出范围主要有支付购进各种存货的款项，购置各种固定资产、无形资产的款项，对外短期投资和长期投资的款项，支付各项交通运输成本、期间费用，缴纳税金，支付股利，支付其他业务成本和营业外支出的款项等。

(二) 银行存款的核算

交通运输业应设置"银行存款"账户，对银行存款进行总分类核算，"银行存款"是资产类账户，用以核算银行存款的存入、付出和结存。存入款项时，记入借方；付出款项时，记入贷方；余额在借方，表示银行存款的结存数额。

为了加强对银行存款的核算与管理，及时地、详细地掌握银行存款的收付动态和结存情况，以便与银行核对账目，交通运输业还必须设置银行存款日记账，按照银行存款收支发生的时间先后顺序，逐笔进行登记，逐日结出余额，并与银行存款总分类账户核对，做到账账相符。

（三）企业与银行对账的方法

1. 企业与银行对账的目的和方法

企业对外结算主要是通过银行转账，因此，银行存款的收支比较频繁。为了加强对银行存款收支的监管与控制，保证银行存款账目的正确无误，企业的银行存款日记账应经常与银行对账单进行核对，每月至少核对一次，以做到账实相符。为了完善企业的内部控制制度，出纳人员、银行存款日记账登记人员不宜参与核对，而应另行指定专人负责进行核对，以防止发生弊端。

企业与银行对账时，将企业的银行存款日记账与银行转来的"对账单"逐笔进行核对。在核对过程中，如发现本单位记账错误，应按照错账更正的方法予以更正；如发现银行转来的"对账单"错误，应通知银行予以更正。核对的结果往往会发现未达账项，则应通过编制"银行存款余额调节表"进行调节，经调节后双方的余额应该相等。

2. 未达账项及其四种情况

"未达账项"是指企业与银行之间，由于结算凭证在传递时间上有先后，而造成一方已登记入账，另一方因凭证未达而尚未登记入账的款项。未达账项通常有下列四种情况。

（1）银行已收款入账，企业尚未收款入账的款项。

如托收承付结算、委托收款结算和汇兑结算，银行已收到通知，银行已记增加；而当天未及时通知收款单位，企业尚未记增加。

（2）银行已付款入账，企业尚未付款入账的款项。

如短期借款、长期借款利息等，银行已结算入账，银行已记减少；而当天未及时通知借款单位，企业尚未记减少。

（3）企业已收款入账，银行尚未收款入账的款项。

如企业将收到的转账支票填制进账单送交银行办理收款，取得回单入账，企业已记增加；而当天银行未及时办妥转账手续，银行尚未记增加。

（4）企业已付款入账，银行尚未付款入账的款项。

如企业签发转账支票付款后，凭支票存根入账，企业已记减少；而收款单位尚未将支票解存银行，或虽已解存银行，但银行未及时办妥转账手续，银行尚未记减少。

3. 银行存款余额调节表的编制方法

银行存款余额调节表是在银行存款日记账余额和银行对账单余额的基础上，加减双方各自的未达账项，使双方的余额达到平衡。编制"银行存款余额调节表"的格式如表2-3所示。

【例2-6】大通交通运输公司1月29—31日银行存款日记账和银行对账单如表2-1、表2-2所示。

表2-1　银行存款日记账　　　　　　　　单位：元

2015年		凭证号数	摘　　要	借方	贷方	借或贷	余额
月	日						
1	29	略	承上页			借	165 300
	29		支付汽车油款（转支23 546）		3 200		162 100
	30		收到商业汇票款（委托收款）	2 500			164 600
	31		提取现金（现支62 333）		1 500		163 100
	31		支付轮胎款（转支62 355）		7 800		155 300
	31		运输收入款（转支72 318）	3 500			158 800

表 2 - 2　银行对账单　　　　　　　　　　　　　　　　　单位：元

2015 年		凭证号数	摘　　要	借方	贷方	借或贷	余额
月	日						
1	29	略	承上页			贷	165 300
	29		支付汽油款（转支 23 546）	3 200			162 100
	30		收到商业汇票款（委托收款）		2 500		164 600
	31		提取现金（现支 62 333）	1 500			163 100
	31		委托收款（收到商业汇票款）		4 500		167 600
	31		短期借款计算单	1 100			166 500

通过核对后，发现有未达账项四笔，据以编制银行存款余额调节表，如表 2 - 3 所示。

表 2 - 3　银行存款余额调节表　　　　　　　　　　　　单位：元

项　目	金额	项　目	金额
企业银行存款账户余额	158 800	银行对账单余额	166 500
加：银行已收，企业未收的托收款项	4 500	加：企业已收，银行未收的转账支票	3 500
减：银行已付，企业未付的款项	1 100	减：企业已付，银行未付的转账支票	7 800
调整后的存款余额	162 200	调整后的存款余额	162 200

企业银行存款日记账的余额与银行对账单的余额通过调节后取得了平衡，表明账簿的记录基本正确无误。对于企业的未达账项，应于下次银行对账单到达时继续进行核对，如未达账项超过了正常日期，应及时与银行联系，查明原因予以解决，以免造成不必要的损失。

交通运输业开展经济活动，必然与其他企业发生经济往来，因此需要通过结算来拨付清偿款项。款项的结算方式有现金结算和转账结算两类。

现金结算是指单位和个人在社会经济活动中使用现金进行货币给付

的行为。而转账结算又称为非现金结算，是指单位和个人在社会经济活动中，使用票据、信用卡和托收承付、委托收款、汇兑等结算方式进行货币给付及其资金清算的行为。

由于转账结算具有方便、通用、迅速和安全的特点，因此企业的各项结算业务，除了按照国家现金管理的规定可以采用现金结算外，都必须采用转账结算。企业办理转账结算时，必须遵守"恪守信用，履约付款，谁的钱进谁的账，由谁支配，银行不予垫款"的原则。票据和结算凭证是办理转账结算的工具。

目前，交通运输业国内采用的转账结算方式有支票、银行本票、银行汇票、商业汇票、信用卡、汇兑、托收承付和委托收款等八种。

(四) 支票

1. 支票概述

支票是指由出票人签发的、委托办理支票存款业务的银行在见票时无条件支付确定的金额给收款人或者持票人的票据。根据支票支付票款的方式不同，可分为普通支票、现金支票和转账支票三种。

支票的出票人是在银行机构开立可以使用支票的存款账户的单位和个人。出票人开户银行是付款人，付款人受出票人的委托从其账户支付票款。支票存款账户，申请人必须使用其本名，并提交证明其身份的合法证件，还应当预留其本名的签名式样或印鉴，以便于付款银行在支付票款时进行核查。开立支票存款账户和领用支票，应当有可靠的资信，并存入一定的资金。支票结算作为流通手段和支付手段，具有清算及时、使用方便、收付双方都有法律保障和结算灵活的特点，它适用于单位和个人在同一票据交换区域的商品交易、劳务供应、资金调拨和其他款项的结算等。

2. 支票结算的核算

交通运输业签发现金支票提取现金时，必须在支票联背面背书后才能据以向开户银行提取现金，留下存根联，据以借记"库存现金"账户，贷记"银行存款"账户。

企业购置设备或材料采购签发转账支票后，以支票联支付设备或商品的价款，留下存根联作为付款的入账凭证，据以借记"固定资产"或"材料采购"账户，贷记"银行存款"账户。

企业对外提供交通运输服务收到转账支票时，应填制"进账单"，一式两联，连同支票一并解存银行，取回"进账单（收账通知联）"作为收款的入账凭证，据以借记"银行存款"账户，贷记"主营业务收入"账户。

小活动

了解支票的样式、填写要求及如何使用。

（五）银行本票

1. 银行本票概述

银行本票是指由银行签发的、承诺自己在见票时无条件支付确定的金额给收款人或者持票人的票据。银行本票可以用于转账，注明"现金"字样的银行本票只能向出票银行支取现金。银行本票分为不定额本票和定额本票两种。银行本票结算作为流通和支付手段，具有信誉度高、支付能力强，并有代替现金使用功能的特点，它适用于单位和个人在同一票据交换区域内的商品交易、劳务供应和其他款项的结算。

银行本票的出票人是银行。按规定，出票银行应收妥银行本票申请人的款项后才签发银行本票，并保证见票付款。无论单位或个人，凡需要在同一票据交换区域支付款项的，都可以使用银行本票。银行本票的提示付款期限自出票日起最长不得超过 2 个月。申请人取得银行本票后，即可向填明的收款单位办理结算，收款企业在将收到的银行本票向开户银行提示付款时，应填写进账单，连同银行本票一并交开户银行办理转账，收款人也可以在票据交换区域内将银行本票背书转让。

2. 银行本票结算的核算

交通运输业需要使用银行本票时，应填制一式数联的"银行本票申请书"，在支款凭证联上加盖预留印鉴，留下存根联作为入账依据，将其余各联送交开户银行。银行凭支款凭证扣取款项，然后据以签发银行本票交给企业。企业取得银行本票后，根据银行本票申请书（存根联）借记"其他货币资金——银行本票"账户，贷记"银行存款"账户。当企业持银行本票支付购置设备或材料采购的价款时，借记"固定资产"或"材料采购"账户，贷记"其他货币资金——银行本票"账户。

交通运输业提供交通运输服务，在收到银行本票时，经审核无误后，据以借记"其他货币资金——银行本票"账户，贷记"主营业务收入"账户。企业将收到的银行本票解存银行时，应在银行本票上加盖背书，并据以填制"进账单"一式数联，然后连同银行本票一并送交开户银行。经银行审核无误后，在进账单上加盖收款章，企业取回进账单收账通知联，作为收款的入账依据，据以借记"银行存款"账户，贷记"其他货币资金——银行本票"账户。

（六）银行汇票

1. 银行汇票概述

银行汇票是指由出票银行签发的，在见票时按照实际结算金额无条件支付给收款人或者持票人的票据。银行汇票具有使用灵活、通汇面广、安全方便、兑现性强的特点，它适用于异地单位、个体经济户和个人之间的商品交易和劳务供应等。

银行汇票的出票人为银行。按规定，银行应在收妥银行汇票申请人款项后，才签发银行汇票给申请人持往异地办理转账结算或支取现金。银行汇票的提示付款期限为自出票日起 1 个月。申请人取得银行汇票后即可持银行汇票向填明的收款单位办理结算。收款企业应填写进账单，连同银行汇票和解讫通知一并交开户银行办理结算，银行审核无误后，办理转账。银行汇票的收款人也可以将银行汇票背书转让给他人。

2. 银行汇票结算的核算

交通运输业需要使用银行汇票时，应填制一式数联的"银行汇票申请书"，并在支款凭证联上加盖预留印鉴，留下存根联作为入账依据，并将其余各联送交签发银行。银行凭支款凭证收取款项，然后据以签发银行汇票，将银行汇票和解讫通知两联凭证交给企业。企业取得这两联凭证后，根据银行汇票委托书存根联，借记"其他货币资金——银行汇票"账户，贷记"银行存款"账户。

当企业持银行汇票和解讫通知去异地购置设备或材料采购并支付价款时，借记"固定资产"或"材料采购"账户，贷记"其他货币资金——银行汇票"账户；若有余款退回，则借记"银行存款"账户。

交通运输业在提供交通运输服务，收到对方的银行汇票时，对银行汇票审查无误后，应在汇票金额栏内填写实际结算金额，多余的金额应填入"多余金额"栏内。如果是全额解付的，应在"多余金额"栏内写上零，然后在汇票上加盖银行的预留印鉴，填写进账单解入银行。经银行审核无误后，在进账单上加盖收款章，企业取回进账单收账通知联，据以借记"银行存款"账户，贷记"主营业务收入"账户。

收款方开户银行留下另一联进账单和银行汇票，将解讫通知和多余款收账通知寄往签发银行，签发银行凭解讫通知入账；将多余款收账通知联送交付款方，付款方将其作为退回余额的入账凭证。

【例2-7】大通交通运输公司到长春购置载重汽车，发生下列经济业务。

（1）3月3日，填制银行汇票申请书400 000元，银行受理后，收到数额同等的银行汇票及解讫通知。根据银行汇票申请书存根联，作分录如下。

借：其他货币资金——银行汇票　　　　　　　　　　400 000

　　贷：银行存款　　　　　　　　　　　　　　　　　　　　400 000

（2）3月9日，向长春一汽购进载重汽车3辆，计价款为390 000

元，以面额 400 000 元的银行汇票付讫，余款尚未退回。作分录如下。

 借：固定资产   390 000

  贷：其他货币资金——银行汇票   390 000

（3）3 月 13 日，银行转来多余款收账通知，金额为 10 000 元，系 3 月 3 日签发的银行汇票使用后的余款。作分录如下。

 借：银行存款   10 000

  贷：其他货币资金——银行汇票   10 000

（七）信用卡

1. 信用卡概述

信用卡是指商业银行向个人或单位发行的，凭此向特约单位购物、消费和向银行存取现金，且具有消费信用的特制载体卡片。它具有安全方便、可以先消费后付款的特点。

单位或个人申领信用卡应按规定填制申请表，连同有关资料一并交发卡银行。符合条件并按银行要求交存一定金额的备用金后，银行为申领人开立信用卡存款账户，并发给信用卡。发卡银行可以根据申请人的资信程度，要求其提供担保，担保方式可以采用保证、抵押或质押。

信用卡在规定的限额和期限内允许善意透支，持卡人使用信用卡不得发生恶意透支。恶意透支是指持卡人超过规定限额或规定期限，并且经发卡银行催收无效的透支行为。

小思考

恶意透支信用卡将会造成什么样的后果？

2. 信用卡结算的核算

交通运输业在银行开户存入信用卡备用金时，借记"其他货币资金——信用卡存款"账户，贷记"银行存款"账户。在开户时支付的手续费，应列入"财务费用"账户。企业持信用卡购物或消费时，根据购进设备、物资或消费的凭证和签购单回单,借记"固定资产""材料采购"或"管理费用"账户,贷记"其他货币资金——信用卡存款"账户。

特约单位为客户提供交通运输服务,受理信用卡结算时,应取得客户签字的签购单。当日营业终了,根据签购单存根联汇总后,编制计汇单,计算总计金额;根据发卡银行规定的手续费率,计算手续费,总计金额扣除手续费后为净计金额,并按净计金额填制进账单,然后一并送交收单银行办理进账,取回进账单回单入账。此时,根据进账单金额借记"银行存款"账户,根据计汇单上列明的手续费借记"财务费用"账户,根据发票与计汇单上的总计金额,贷记"主营业务收入"账户。

【例2-8】大通交通运输公司在建设银行开立信用卡存款账户。

(1)1月1日,存入信用卡备用金10 000元,发生开户手续费50元,一并签发转账支票付讫。根据转账支票存根联,作分录如下:

借:其他货币资金——信用卡存款　　　　　　　　10 000

　　财务费用　　　　　　　　　　　　　　　　　　50

　　　贷:银行存款　　　　　　　　　　　　　　　　10 050

(2)1月9日,购进电脑两台,价款为9 500元,以信用卡存款付讫。根据发票及签购单回单,作分录如下:

借:固定资产　　　　　　　　　　　　　　　　　9 500

　　　贷:其他货币资金——信用卡存款　　　　　　　9 500

(3)大通交通运输公司为百兴商场承运货物一批,运费为30 000元,采用信用卡结算,信用卡结算手续费为8‰。根据发票、签购单存根联及计汇单和进账单,作分录如下:

借:银行存款　　　　　　　　　　　　　　　　29 760

　　财务费用　　　　　　　　　　　　　　　　　240

　　　贷:主营业务收入　　　　　　　　　　　　　30 000

小活动

了解办理信用卡的条件,如何使用信用卡及还款。

（八）汇兑

1. 汇兑概述

汇兑是指汇款人委托银行将其款项支付给收款人的结算方式。汇兑按其凭证的传递方式不同，可以分为信汇和电汇两种。信汇是银行将信汇凭证通过邮电局寄给汇入银行，这种传递方式费用低，但收款较慢。电汇是银行将电汇凭证通过电报或其他电讯工具向汇入行发出付款通知。这种传递方式收款快，但费用较高。汇兑结算具有适用范围大、服务面广、手续简便、划款迅速、灵活交易的特点，它适用于异地各单位和个人之间的商品交易、劳务供应、资金调拨等各种款项的结算。

采用汇兑的结算方式，汇款单位汇出款项时，应填写银行印发的汇款凭证，列明收款单位名称、汇款金额及汇款的用途等项目，送达开户银行即汇出银行。汇出银行受理汇款单位签发的汇兑凭证，经审查无误后，应将款项直接转入收款人账户，并向其发出收款通知。

2. 汇兑结算的核算

汇款人委托银行汇款，应填制一式数联的信汇、电汇结算凭证，送交开户银行。银行审核无误后，同意汇款时，在回单上加盖印章后退回汇款人，作为其汇款的入账依据。开户银行留下一联，其余各联传递到收款方开户银行，收款方开户银行留下一联，将收款通知联转交收款人，作为其收款的入账依据或取款的凭证。

企业汇出款项用于材料采购时，凭信汇、电汇凭证回单联，借记"应付账款"账户，贷记"银行存款"账户；收到材料采购的发票及运杂费凭证时，借记"材料采购"账户，贷记"应付账款"账户。

企业收到客户汇入偿还前欠交通运输服务款项的信汇、电汇收款通知联时，据以借记"银行存款"账户，贷记"应收账款"账户。

企业在汇出采购资金开立采购专户时，根据信汇、电汇凭证回单联，借记"其他货币资金——外埠存款"账户，贷记"银行存款"账户；收到采购的购进凭证和支付采购费用时，借记"材料采购"账户，贷记

"其他货币资金——外埠存款"账户。

"其他货币资金"是资产类账户，用以核算银行本票存款、银行汇票存款、外埠存款、信用卡存款和在途货币资金等各种其他货币资金。企业取得银行本票、银行汇票、外埠存款、信用卡存款和在途货币资金等各种其他货币资金时，记入借方；支用或转入银行存款时，记入贷方；余额在借方，表示其他货币资金的实有数额。

(九) 商业汇票

1. 商业汇票概述

商业汇票是指出票人签发的、委托付款人在指定日期无条件支付确定的金额给收款人或者持票人的票据。

在银行开立存款账户的法人以及其他组织之间须具有真实的交易关系或债权债务关系，才能使用商业汇票。商业汇票的出票人是交易中的收款人或付款人。商业汇票须经承兑人承兑。承兑是汇票的付款人承诺在汇票到期日支付汇票金额的票据行为。商业汇票根据承兑人的不同，可以分为商业承兑汇票和银行承兑汇票两种。商业承兑汇票是指由出票人（收款人或付款人）签发、经付款人承兑的票据；银行承兑汇票是指由出票人（付款人）签发，并经其开户银行承兑的票据。银行承兑汇票的出票人是购货企业，承兑人和付款人是购货企业的开户银行，承兑银行应按票面金额向出票人收取手续费。

商业汇票的付款期限由交易双方商定，但最长不得超过6个月，商业汇票的提示付款期限为自汇票到期10日内。如果付款人的存款不足以支付票款或付款人存在合法抗辩事由拒绝支付的，付款人开户银行应填制付款人未付票款通知书或取得付款人的拒绝付款证明，连同商业承兑汇票邮寄至持票人开户银行转持票人，银行不负责付款，由购销双方自行处理。银行承兑汇票的出票人应于汇票到期前将票款足额交存其开户银行。承兑银行应在汇票到期日或到期日后的见票当日支付票款。如果出票人于汇票到期日未能足额交存银行票款的，承兑银行除凭票向持票人无条件付款外，对出票人尚未支付的汇票金额计收罚息。

商业汇票作为一种商业信用，具有信用性强和结算灵活的特点。在银行开立账户的法人以及其他组织之间必须具有真实的交易关系或债权债务关系，才能使用商业汇票。出票人不得签发无对价的商业汇票，用以骗取银行或者其他票据当事人的资金。

2. 商业汇票结算的核算

（1）不带息商业汇票的核算。

当交通运输业购置物资，以不带息商业汇票抵付其价款时，借记"材料采购"账户，贷记"应付票据"账户。

【例2-9】宝通交通运输公司向广州的中国石化购进柴油若干升，计价款为20 000元，当即签发并承兑3个月期限的商业承兑汇票抵付。作分录如下：

借：材料采购——柴油　　　　　　　　　　20 000
　　贷：应付票据——面值——广州中国石化　　20 000

企业签发的不带息商业汇票到期兑付票款时，借记"应付票据"账户，贷记"银行存款"账户。

当企业为客户提供交通运输服务，收到对方已承兑的不带息商业汇票时，借记"应收票据"账户，贷记"主营业务收入"账户。

【例2-10】大通交通运输公司为百兴商场承运货物一批，运费及装卸共计50 000元，当即收到对方签发并承兑的不带息商业汇票，期限为4个月。作分录如下：

借：应收票据——面值——百兴商场　　　　50 000
　　贷：主营业务收入　　　　　　　　　　　50 000

商业汇票的执票人包括收款人或被背书人，在汇票到期日，填制委托收款结算凭证连同商业承兑汇票或银行承兑汇票及解讫通知一并送交开户银行办理收款。执票人凭取回的委托收款收账通知联，借记"银行存款"账户，贷记"应收票据"账户。

（2）带息商业汇票的核算。

企业签发的带息商业汇票，应于期末按照事先确定的利率计提利息，并将其列入"财务费用"账户。

【例2-11】1月31日，大通交通运输公司将2个月前签发并承兑给中有公司的4个月期限的带息商业汇票40 000元，按6‰的月利率计提本月应负担的利息。作分录如下：

借：财务费用　　　　　　　　　　　　　　　　　　　　240

　　贷：应付票据——利息——中有公司　　　　　　　　　　　　240

带息商业汇票到期兑付本息时，根据票据面值和计提的利息，借记"应付票据"账户；根据本期应负担的利息，借记"财务费用"账户；根据支付的本息，贷记"银行存款"账户。

【例2-12】3月31日，大通交通运输公司4个月前签发给中有公司带息商业汇票已到期，金额为40 000元，月利率为6‰，当即从银行存款账户中兑付本息。作分录如下：

借：应付票据——面值——中有公司　　　　　　　　40 000

　　　　　　——利息——中有公司　　　　　　　　　720

　　财务费用——利息支出　　　　　　　　　　　　　240

　　贷：银行存款　　　　　　　　　　　　　　　　　　　40 960

"应付票据"是负债类账户，用以核算企业购买设备、物资和接受劳务供应等所签发并承兑的商业汇票的面值和带息汇票计提的利息。企业以商业汇票抵付款项和带息汇票期末计提利息时，记入贷方；收到银行转来到期商业汇票的付款通知予以兑付时，记入借方；余额在贷方，表示尚未兑付商业汇票的本息。

应付票据到期，如果企业无力支付票款，应按应付票据的账面价值，借记"应付票据"账户，贷记"应付账款"账户。倘若是带息的应付票据，转入"应付账款"账户以后，期末不再计提利息。

为了加强对应付票据的管理，企业除了按收款人设置明细分类账户进行核算外，还应设置"应付票据备查簿"，详细记载每一应付票据的种类、号数、签发日期、到期日、票面金额、票面利率、合同交易号、收款单位名称以及付款日期和金额等详细资料。应付票据到期结清时，应在备查簿内逐笔注销。

交通运输业收到带息商业汇票，到期末时，应按商业汇票的面值和确定的利率计提利息，届时借记"应收票据"账户，贷记"财务费用"账户。

【例2-13】4月30日，大通交通运输公司将2个月前收到的顺发公司的期限为3个月的带息商业汇票50 000元，按6‰的月利率计提利息。作分录如下：

借：应收票据——利息——顺发公司　　　　　　　　300
　　贷：财务费用——利息支出　　　　　　　　　　　　　300

带息商业汇票到期收到本息时，根据收到的本息借记"银行存款"账户，根据票面面值和计提的利息，贷记"应收票据"账户，将本期应收的利息冲减"财务费用"账户。

【例2-14】5月31日，大通交通运输公司3个月前收到的顺发公司的期限是3个月的带息商业汇票，面值是50 000元，月利率是6‰，已经到期，收到本息，存入银行。作分录如下：

借：银行存款　　　　　　　　　　　　　　　　50 900
　　贷：应收票据——面值——顺发公司　　　　　　　50 000
　　　　　　　　　——利息——顺发公司　　　　　　　　600
　　财务费用——利息支出　　　　　　　　　　　　　　300

"应收票据"是资产类账户，用以核算企业因提供交通运输服务而收到的用以抵付款项的商业汇票的面值和带息汇票计提的利息。企业收到商业汇票和期末计提带息汇票利息时，记入借方；商业汇票到期兑现或期前背书转让以及向银行贴现时，记入贷方；余额在借方，表示尚未兑现的商业汇票本息。

为了加强对应收票据的管理，以有利于及时向承兑人兑现，以及当汇票遭到拒绝承兑时及时行使追索权，企业除了按付款人设置明细分类账进行核算外，还应设置"应收票据备查簿"，逐笔登记每一应收票据的种类、号数和出票日期、票面金额、票面利率、交易合同号和付款人、承兑人、背书人的单位名称、到期日期、收回日期和金额，如贴现的应注明贴现日期、贴现率和贴现净值，并将结清的应收票据在备查簿内逐笔注销。

3. 商业汇票的贴现及核算

商业汇票的收款人在需要资金时，可持未到期的商业汇票向开户银行申请贴现。贴现是指票据持有人在票据到期前为获得票款，向银行贴付一定的利息，而将商业汇票的债权转让给银行的一种票据转让行为。

商业汇票经过银行审查同意后，即以汇票到期值扣除从贴现日起到汇票到期日止的利息后的票款，付给申请贴现人。汇票到期时，银行凭票向付款人按汇票到期值收取票款。

交通运输业将商业汇票贴现后，实收贴现值的计算公式如下：

贴现利息＝汇票到期值×月贴现率×实际贴现天数÷30 天

实收贴现值＝汇票到期值－贴现利息

实际贴现天数是按贴现银行向申请贴现人支付贴现金额之日起，至汇票到期前一日止，30 天折合为 1 个月。

无息商业汇票到期值即票面值，而带息商业汇票到期值是票面值加上到期的利息。利息的计算公式如下：

带息商业汇票到期利息＝票面值×月利率×汇票期限÷30 天

【例 2－15】5 月 30 日，大通交通运输公司将 5 月 10 日收到的南海公司的带息商业汇票，其金额为 30 000 元，月利率为 6‰，到期日为 8 月 10 日，现向银行申请贴现，月贴现率为 6.5‰。

汇票到期值＝30 000＋30 000×6‰×3＝30 540（元）

汇票贴现利息＝30 000×6.5‰×70÷30＝455（元）

实收贴现值＝30 540－455＝30 085（元）

根据计算结果，作分录如下：

借：银行存款　　　　　　　　　　　　　　30 085

　　贷：应收票据——面值——南海公司　　　　30 000

　　　　财务费用——利息支出　　　　　　　　　85

本例中，若到期利息小于贴现利息，其差额则应列入"财务费用"的借方。

企业已贴现的商业承兑汇票，在到期日承兑人的银行存款不足以支付时，其开户银行应立即将汇票退给贴现银行。贴现银行则将从贴现申请人账户内收取汇票的到期金额，届时借记"应收账款"账户，贷记"银行存款"账户。

小提示

商业汇票的内容是本项目和本任务的重点。

（十）托收承付

1. 托收承付概述

托收承付是指根据购销合同由收款人发货后，委托银行向异地付款人收取款项，由付款人向银行承认付款的结算方式。它具有物资运动与资金运动紧密结合，由银行维护收付双方正当权益的特点，适用于商品交易，以及因商品交易而产生的劳务供应。

销货企业按照购销合同发货后，填写托收承付凭证，盖章后连同发运凭证或其他符合托收承付结算的有关证明和交易单证送交开户银行办理托收手续。销货企业开户银行接到托收凭证及其附件后，应当按照托收范围、条件和托收凭证填写的要求认真进行审查，经审查无误的，将有关托收凭证连同交易单证，一并寄交购货企业开户银行，购货企业开户银行收到托收凭证及其附件后，应及时通知并转交给购货企业。购货企业在承付期内审查核对，安排资金以备承付。购货企业的承付期应在双方签订合同时约定验单或是验货付款，验单付款的承付期为3天，验货付款的承付期为10天。承付期内购货企业未表示拒绝付款的，银行视为愿意承付，于承付期满的次日上午银行开始营业时，将款项划给销货企业。购货企业不得在承付货款中抵扣其他款项或以前托收的货款。

2. 托收承付结算的核算

交通运输业作为付款人，在收到付款人开户银行转来的托收承付结算凭证付款通知联及有关单证，并验单付款后，以承付通知联作为付款的入账凭证。

付款人在购进物资承付款项时，根据购进物资凭证、运杂费凭证和托收承付凭证承付通知联，借记"材料采购"账户，贷记"银行存款"账户。

（十一）委托收款

1. 委托收款概述

委托收款是指收款人委托银行向付款人收取款项的结算方式。它具有恪守信用、履约付款、灵活性强和不受结算金额起点限制的特点，适用于单位和个人凭已承兑的商业汇票、债券、存单等付款人债务证明办理款项的结算，同城异地也可以使用。

收款企业委托银行收款时，应填写委托收款凭证和提供有关的债务证明，经开户银行审查后，据以办理委托收款。付款单位开户银行接到收款企业开户银行寄来的委托收款凭证，经审查后通知付款单位。付款单位收到银行交给的委托收款凭证及债务证明，应签收，并在3天内审查债务证明是否真实，是否为本单位的债务，确认之后通知银行付款。

如果付款单位不通知银行，银行视其为同意付款，并在第4日从单位账户中付出此笔托收款项。付款单位在3日内审查有关债务凭证后，对收款企业委托收取的款项需要拒绝付款的，应出具拒绝证明，连同有关债务证明、凭证送交开户银行，开户银行不负责审查责任，只将拒绝证明等凭证一并寄给收款企业开户银行，转交收款企业。付款单位在付款日期期满，如无足够资金支付全部款项的，其开户银行应将其债务证明连同未付款项通知书邮寄至收款企业开户银行转交收款企业。

2. 委托收款结算的核算

收款人在收到托收款项时，借记"银行存款"账户，贷记"应收票据"等有关账户。付款人收到委托收款凭证付款通知，支付款项时，借记"应付票据"等有关账户，贷记"银行存款"账户。

此外，在同城范围内，收款人收取公用事业费或根据国务院的规定，可以使用同城特约委托收款，收取公用事业费必须具有收付双方事先签订的经济合同，由付款人向开户银行授权，并经开户银行同意，报经中国人民银行当地分支行批准。

小资料

方便快捷的网上银行

网上银行又称网络银行、在线银行，是指银行利用 Internet 技术，通过 Internet 向客户提供开户、销户、查询、对账、行内转账、跨行转账、信贷、网上证券、投资理财等传统服务项目，使客户可以足不出户就能够安全便捷地管理活期和定期存款、支票、信用卡及个人投资等。可以说，网上银行是 Internet 的虚拟银行柜台。

网上银行的一般步骤，以网上储蓄为例。进入银行网站，点击"网上理财"，再点击"个人理财计算器"，输入你的存款金额及存款期限，然后点确认。网络就会为你算出准确的存款利息、缴纳利息税额和实得本息。如果你想办理住房贷款，点击此网页的"个人住房贷款计算器"同样会为你计算出每月利息、月还款额及累计利息和还款总额。进入"提前支取与存单质押贷款比较"，输入现有定期存款本金、存款期限、存入日期以及计划提前取款的日期等内容，单击"确认"按钮，就可以立即得出存款提前支取和办理质押贷款哪个更合算的结果。

网上银行是银行客户通过因特网享受的综合性银行服务，包括账户查询、转账汇款、缴费支付、信用卡、个人贷款、投资理财（基金、黄金、外汇等）等传统服务，以及利用电子渠道服务优势提供的网上银行特有服务。网上银行有如下优点：

（1）网上主营业务中，继承了传统的银行业务，包括银行及其相关金融信息的发布，客户的咨询投诉，账户的查询勾兑、申请和挂失，以及在线缴费和转账功能。

（2）与电子商务相结合的业务中，既包括了商户兑客户（B2C）模式下的购物、订票、证券买卖等零售业务，也包括商户对商户（B2B）模式下的网上采购等批发业务的网上结算。

（3）新的金融创新业务，比如集团客户通过网上银行查询子公司的账户余额和交易信息，再签订多边协议。

（4）3A服务。网上银行突破时间、空间和形式上的限制，实现随时（Anytime）、随地（Anywhere）、用任何方式（Anyhow）的安全支付和结算。因此，银行的服务发生正从"固定销售点"方式，转变为"随时随地"方式，服务将更加个性化、低成本、有人情味。

（5）全方位的电子化运营和管理。票证被全面电子化，如电子汇票和电子支票等。同时，手工签名也被数字化签名所取代。通过银行电子化，银行管理逐步从地理性扩张的粗放式经营转化为依靠科技和网络的集约型经营。

小活动

了解如何开办网上银行？如何使用网上银行？使用后如何登记入账。

四、外币业务

（一）外币业务概述

交通运输业开展国际的交通运输业务，往往会使用各种可自由兑换的货币，届时必然会发生款项收付、债权债务结算和计价等外币业务。

记账本位币是指在会计记账上所采用的、作为会计计量基本尺度的货币币种。我国企业一般采用人民币作为记账本位币。

外币业务是指交通运输业以记账本位币以外的其他货币进行款项收付、往来结算和计价的经济业务。它主要包括企业购买或销售以外币计价的商品或劳务、企业借入或出借外币资金、承担或清偿以外币计价的债务等。

外币业务的账务处理有外币统账制和外币分账制两种。外币统账制是指企业在发生外币业务时，必须及时折算为记账本位币记账，并以此编制财务报表的制度。外币分账制是指企业对外币业务在日常核算时按照外币原币进行记账，分别不同的外币币种核算其所实现的损益，编制各种货币币种的财务报表，在资产负债表日一次性地将外币财务报表折算为记账本位币表示的财务报表，并与记账本位币业务编制的财务报表汇总编制整个企业一定会计期间的财务报表的制度。交通运输业通常采用外币统账制。

小知识

外汇汇率的标价方法：①直接标价法，是以一定单位的外国货币作为标准来折算本国货币的标价方法，如 1 美元 = 6.82 人民币（我国和大多数国家采用直接标价法）。②间接标价法，是指将本国货币单位固定不变，用若干单位的外国货币来标出本国货币的单位价格，如 1 英镑 = 1.515 美元（美国和英国采用间接标价法）。

（二）外币业务的核算

交通运输业发生外币业务时，涉及外币资产账户有"银行存款""应收账款"等账户，涉及外币负债账户有"短期贷款""应付账款"等账户，都应设置相应的外币明细账户，并采用复币记账。在按外币原币登记有关外币明细账户的同时，还应当按外币业务发生时的市场汇率（也可按当期期初市场汇率），将外币金额折算成人民币金额记账。

1. 外币收入的核算

交通运输业取得的外币收入存入外汇账户后，如果没有超过核定的外汇限额，可以根据企业具体的财务状况，作出结汇或不结汇的决定，并据以进行核算。

外汇汇率的主要分类：①按银行买卖外汇的汇率可分为买入汇率（指银行向客户买入外汇时所使用的汇率，又称买入价）、卖出汇率（卖出价）和中间汇率（指银行买入汇率与卖出汇率之间的平均汇率，又称中间价）。②按企业记账所依据的汇率可分为记账汇率（是发生外币业务时进行会计核算所采用的汇率）和账面汇率（是以前发生的外币业务登记入账时所采用的汇率）。

【例2-16】大通交通运输公司发生国际货运的有关业务如下：

（1）6月2日，为美国S公司承运货物一批，计运费100 000美元，尚未结算，当日汇率中间价为6.70元。作分录如下：

借：应收账款——美元户（$100 000×6.70）　　670 000

　　贷：主营业务收入　　　　　　　　　　　　　　670 000

（2）6月13日，银行收妥款项，送来现汇收账通知，当日美元汇率中间价为6.70元。作分录如下：

借：银行存款——美元户（$100 000×6.70）　　670 000

　　贷：应收账款——美元户（$100 000×6.70）　　670 000

（3）6月15日，因外币存款账户余额已超过限额50 000美元，今将50 000美元向银行办理结汇，当日汇率买入价为6.68元。作分录如下：

借：银行存款——人民币存款（$50 000×6.68）　334 000

　　财务费用——汇兑损益　　　　　　　　　　　1 000

　　贷：银行存款——美元户（$50 000×6.70）　　335 000

2. 外币支出的核算

交通运输业进口设备、材料，或者远洋运输途中发生的燃料费、港口费等需要以外币支付款项时，可以凭有效商业单据和凭证直接从其外汇账户中支付或向银行购入外汇后再予以支付。

【例2-17】大通交通运输公司收到美国某船务代理公司转来的发票等单据，开列港务费、船舶吨税、海关检验费等各种港口费计6 000美元，当即以美元户存款账户款项支付。美元户的记账汇率和当日市场汇率中间价均为6.70元。作分录如下：

借：主营业务成本　　　　　　　　　　　　　　　　40 200
　　贷：银行存款——美元户（＄6 000×6.70）　　　　　　40 200

（三）汇兑损益

1. 汇兑损益的内容

汇兑损益是指企业在持有外币货币性资产和负债期间，由于外币汇率变动而引起的外币货币性资产或负债的价值发生变动而产生的损益。汇兑损益包括外币折算差额和外币兑换差额两个部分。

（1）外币折算差额。

企业平时发生的外币业务可以按发生时的市场汇率折算为记账本位币金额，也可以按当期期初的汇率折算。而按照国际惯例，只要汇率实际发生变动，不论其是否实现，就应确认汇兑损益。因此，企业会计制度规定，各种外币账户的期末余额必须按照期末市场汇率折算为记账本位币金额，届时因汇率不同会产生外币折算差额。

外币折算差额是指企业各外币账户的记账本位币由于折算的时间不同，采用的折算汇率不同而产生的差额。

（2）外币兑换差额。

外币兑换差额是指外币与记账本位币之间的兑换和不同外币之间的兑换，由于实际兑换的汇率与记账汇率不同而产生的差额。

实际兑换汇率是指兑入外币金额时的银行卖出价和兑出外币金额时的银行买入价。记账汇率是指外币业务发生的当日或当期1日的市场汇率的中间价。因为实际兑换汇率与记账汇率之间必然存在差异，从而产生了外币兑换差额。

2. 汇兑损益的归属

（1）因日常经营业务发生的汇兑损益。交通运输业因日常购进设备、材料和接受、提供交通运输服务而发生的汇兑损益，应归属于"财务费用——汇兑损益"账户。

（2）筹建期间发生的汇兑损益。交通运输业在筹建期间发生的汇兑损益，应归属于"长期待摊费用"账户，并在投入经营时作为开办费的一部分，全部转入"管理费用"账户。

（3）为购建固定资产而发生的汇兑损益。交通运输业为购建固定资产而发生的汇兑损益，在固定资产达到预定可使用状态前发生的，应归属于固定资产的购建成本；在固定资产达到预定可使用状态后发生的，应归属于"财务费用——汇兑损益"账户。

（4）为购置无形资产而发生的汇兑损益，应归属于无形资产的购置成本。

（5）支付股利发生的汇兑损益。交通运输业支付境外投资者股利或利润发生的汇兑损益，应归属于"财务费用——汇兑损益"账户。

（6）接受外币性资产投资发生的汇兑损益，应归属于"资本公积"账户。

3. 汇兑损益的核算

外币业务按汇兑损益计算和结转的时间不同，可以分为逐笔结转法和集中结转法两种。

（1）逐笔结转法。

逐笔结转法是指企业每结汇一次，就计算并结转一次汇兑损益的方法。采用逐笔结转法，平时发生的外币业务通常按当日的市场汇率的中间价或买入价、卖出价折算，如与原账面汇率不同时，就立即计算并结转该笔业务的汇兑损益。至期末，再将所有的外币账户的期末原记账本位币金额按当日公布的市场汇率的中间价折算的金额作为该外币账户的记账本位币余额，该余额与外币账户原记账本位币之间的差额作为汇兑损益予以转销。这种方法适用于外币业务不多，但每笔业务交易金额较大的企业，如例 2 - 16 和例 2 - 17。

（2）集中结转法。

集中结转法是指企业平时结汇时，按当日的市场汇率核算相关的外币账户，将汇兑损益集中在期末结转的方法。

采用集中结转法，企业平时结汇时，根据具体情况，按当日市场汇率的中间价或买入价、卖出价核算相关的外币账户，不计算结转汇兑损益。至期末，再将所有的外币账户的期末原记账本位币金额按当日公布的市场汇率的中间价计算的金额作为该外币账户的记账本位币余额，该余额与外币账户原记账本位币之间的差额作为汇兑损益，予以集中一次转销。

【例 2 - 18】大通交通运输公司 2015 年 1 月 1 日"银行存款日记账——美元户"账户余额为 30 000 美元，汇率为 6.83，折合人民币为 204 900 元，接着本月发生下列有关的经济业务：

①5 日，为加拿大 A 公司承运货物一批，运费为 100 000 美元，尚未结算，当日美元汇率的中间价 6.83 元。作分录如下：

借：应收账款——美元户（$100 000 × 6.83）　　683 000

　　贷：主营业务收入　　　　　　　　　　　　　　　683 000

②15 日，向国外进口材料一批，价款为 10 000 美元，以美元存款付讫，当日美元汇率中间价为 6.82 元。作分录如下：

借：材料采购　　　　　　　　　　　　　　　68 200

　　贷：银行存款——美元户（$10 000 × 6.82）　　68 200

③23 日，收到加拿大 A 公司汇来前欠运费 100 000 美元，当日美元汇率中间价为 6.82 元。作分录如下：

借：银行存款——美元户（$100 000 × 6.82）　　682 000

　　贷：应收账款——美元户（$100 000 × 6.82）　　682 000

④ 29 日，因美元存款账户余额已超过限额 50 000 美元，今将70 000 美元向银行办理结汇，当日美元汇率的买入价为 6.81 元。作分录如下：

借：银行存款——人民币　　　　　　　　　　　　476 700

　　贷：银行存款——美元户（＄70 000×6.81）　　476 700

⑤ 31 日，上列业务记入银行存款日记账——美元户后，账户余额为 50 000 美元（如表 2－4），当日美元汇率的中间价为 6.82 元，调整人民币余额作分录如下：

借：财务费用——汇兑损益　　　　　　　　　　　1 000

　　贷：银行存款——美元户　　　　　　　　　　　　1 000

根据上列业务登记"银行存款日记账——美元户"如表 2－4。

表 2－4　银行存款日记账——美元户

2015 年		凭证号	摘要	借　　方			贷　　方			余　　额		
月	日			外币	汇价	人民币	外币	汇价	人民币	外汇	汇价	人民币
1	1	略	上年结转						68 200	30 000	6.83	204 900
	15		支付材料款				10 000	6.82		20 000		136 700
	23		收到前欠运费	100 000	6.82	682 000				120 000		818 700
	29		结汇				70 000	6.81	476 700	50 000		342 000
	31		月末汇率调整						1 000	50 000	6.82	341 000

2.2 应收及预付款项的核算

一、应收账款概述

应收及预付款项是指交通运输业在日常经营服务过程中形成的各项债权。应收及预付款项是交通运输业流动资产的重要组成部分，按经济内容不同可分为应收账款、应收票据、应收利息、应收股利、预付账款和其他应收款六种。

（1）应收账款是指交通运输业在向顾客赊销商品或提供劳务等而应向其收取的款项。

（2）应收票据是指交通运输业因提供劳务、销售商品等而收到的商业汇票。

（3）应收利息是指交通运输业交易性金融资产、持有至到期投资、可供出售金融资产等应收取的利息。

（4）应收股利是指交通运输业应收取的现金股利和应收取其他单位分配的利润。

（5）预付账款是指交通运输业按照相关合同的规定预付给供货单位的款项。

（6）其他应收款是指除应收账款、应收票据、应收利息、应收股利、预付账款等以外的其他各种应收、暂付款项。

交通运输业应收账款的核算包括以下几个方面。

（一）应收账款的确认

应收账款的确认是指应收账款的范围和入账时间的确定。应收账款的范围一般包括：销售商品、代购货单位垫付的运杂费、提供劳务以及企业的商业汇票到期但不能收到的票款等。应收账款的入账时间应当结合企业收入的实现时间来确认。此外，在确认应收账款时还需要依据一些能证明商品或劳务提供过程已经完成、债权债务已经成立的书面文件，如购销合同、商品的出库单、发运单和发票等。

（二）应收账款的计价

应收账款是因交通运输业在销售商品、提供劳务等过程中产生的债权，应当于收入实现时按实际发生额计价。其计价的入账价值包括：赊销商品和提供劳务的价款、增值税、代购货单位垫付的运杂费等。在确认应收账款的入账价值时还应当考虑商业折扣、现金折扣等因素。

1. 商业折扣

商业折扣是指企业为促进商品销售，根据市场供应情况或针对不同的顾客在规定的商品标价上给予的扣除。商业折扣是企业对购货方采取购买量越多，价格越低的一种促销策略。商业折扣一般在交易发生时已经确定，它仅仅是确定商品实际销售价格的一种手段，在销售发票上不予以反映，同时在买卖双方的账目上也不予以反映。因此，当存在商业折扣时，应收账款的入账价值按扣除商业折扣后的实际售价加以确认。

2. 现金折扣

现金折扣是企业为了鼓励购货方在一定时期内提早偿还欠款而给予的一种优惠。一般情况下，企业在赊销商品或提供劳务后，应收账款的收回需要一定的期限，为了在较短的时间内收回货款，以加速资金周转，企业便可采用现金折扣的方式。现金折扣一般用 2/10、1/20、N/30 等表示，其含义是 10 天内付款给予 2% 的折扣；20 天内付款给予 1% 的折扣；30 天内付款，无折扣。我国企业会计制度规定，销货方对销售收入的入账金额核算方法应采用总价法。总价法是将未扣减现金折扣前的金额作为应收账款的入账价值，当客户在规定的折扣期内付款时，销货方把客户应当享有的现金折扣额作为财务费用处理。

二、应收账款的账务处理

企业应当设置"应收账款"账户核算应收账款业务。该账户为资产类账户，借方反映企业赊销商品应收取的货款、增值税销项税额、代垫的运杂费以及逾期转入的应收票据等，贷方反映收回的账款等。

【例2-19】星运交通运输公司承运甲公司货物一批，运费为80 000元，以现金代甲公司垫付报关费等1 600元，适用的增值税税率为17%，现货已报关并交付给甲公司。

（1）星运交通运输公司根据运单、报关凭证等编制如下会计分录。

借：应收账款——甲公司　　　　　　　　　　95 200
　　贷：主营业务收入　　　　　　　　　　　　80 000
　　　　应交税费——应交增值税（销项税额）　13 600
　　　　库存现金　　　　　　　　　　　　　　1 600

（2）以后收回款项。

借：银行存款　　　　　　　　　　　　　　　95 200
　　贷：应收账款——甲公司　　　　　　　　　95 200

【例2-20】星运交通运输公司承运华兴公司货物一批，按价目表上计算的运费为92 000元，由于整船运输，星运交通运输公司给予华兴公司5%的商业折扣，适用的增值税税率为17%，代垫运杂费1 800元，以银行存款支付。

（1）星运交通运输公司根据相关的发票账单编制如下会计分录。

借：应收账款——华兴公司　　　　　　　　　104 058
　　贷：主营业务收入　　　　　　　　　　　　87 400
　　　　应交税费——应交增值税（销项税额）　14 858
　　　　银行存款　　　　　　　　　　　　　　1 800

（2）以后收回款项。

借：银行存款　　　　　　　　　　　　　　　104 058
　　贷：应收账款——华兴公司　　　　　　　　104 058

【例2-21】星运交通运输公司承运B公司商品一批，价目表标明的价格为250 000元，增值税税率为17%，规定的现金折扣条件为2/10、

1/20、N/30，商品已交运并办妥相关手续。

（1）星运交通运输公司根据有关发票账单编制如下会计分录。

借：应收账款——B公司	292 500	
贷：主营业务收入		250 000
应交税费——应交增值税（销项税额）		42 500

（2）如果上述款项在10天内收到，星运交通运输公司应根据收款通知编制如下会计分录。

借：银行存款	286 650
财务费用	5 850
贷：应收账款——B公司	292 500

（3）如果上述款项在20天内收到，星运交通运输公司应根据收款通知编制如下会计分录。

借：银行存款	289 575
财务费用	2 925
贷：应收账款——B公司	292 500

（4）如果上述款项在20天以后才收到，星运交通运输公司应根据收款通知编制如下会计分录。

| 借：银行存款 | 292 500 |
| 贷：应收账款——B公司 | 292 500 |

小思考

现金折扣和商业折扣的作用是什么，对企业有什么好处？

三、应收票据

（一）应收票据概述

应收票据是指企业因销售商品、提供劳务等而收到的商业汇票。应收票据代表着企业在未来收取一定金额款项的权利，并隐含着预期的经济利益（带息票据的利息）。应收票据作为商业信用工具，可以在到期前向银行申请贴现或者背书转让，因而比应收账款具有更高的流动性。

商业汇票是一种由出票人签发的，委托付款是在指定日期无条件支付确定金额给收款人或持票人的票据。商业汇票的付款期限，最长不得超过6个月。

商业汇票按承兑人不同，分为商业承兑汇票和银行承兑汇票。商业承兑汇票指由付款人签发并承兑，或由收款人签发交由付款人承兑的汇票。商业承兑汇票到期时，当付款人银行账户资金不足以支付时，银行不负责付款并将商业承兑汇票退回给持票人。银行承兑汇票是指由在承兑银行开立存款账户的存款人（即出票人）签发，由承兑银行承兑的票据。银行承兑汇票到期时，无论付款人的账户有无足够的资金，银行均无条件支付。

商业汇票按是否计息分为带息商业票据和不带息商业票据。带息商业汇票到期时，持票人可以收到票面金额和自票据开出日到票据到期日的利息（即：票据面值＋票据利息）；不带息商业汇票到期时，持票人只能收到票据的面值。

（二）应收票据的确认和计价

为了反映和监督应收票据的取得、票款收回等经济业务，企业应当通过设置"应收票据"账户进行核算。应收票据的入账价值在会计上有两种确认方法，一是按照票据面值（票面金额）确定；二是按照票据的未来现金流量的现值确定。我国《企业会计制度》规定，应收票据采用按面值入账的方法，即：无论是带息票据还是不带息的商业汇票一律按收到时的面值入账。

（三）应收票据的账务处理

1. 应收票据的取得

企业取得应收票据时，按照取得的商业汇票面值，借记"应收票据"账户，贷记"主营业务收入""应交税费——应交增值税（销项税额）"

等账户。

【例2-22】星运交通运输公司承运大华公司的货物一批，承运费用共计59 600元，增值税税率为17%，承运业务已经完成，收到大华公司一张3个月期的商业承兑汇票。星运交通运输公司编制如下会计分录。

借：应收票据——商业承兑汇票   69 732

  贷：主营业务收入   59 600

    应交税费——应交增值税（销项税额） 10 132

【例2-23】2015年6月1日星运交通运输公司为昌隆公司运输货物一批，运输费用共计220 000元，增值税税率为17%，货物已承运完毕，收到昌隆公司一张期限为3个月的商业承兑汇票，票面年利率为10%。星运交通运输公司编制如下会计分录。

借：应收票据——商业承兑汇票   257 400

  贷：主营业务收入   220 000

    应交税费——应交增值税（销项税额） 37 400

2. 带息票据持有期利息的计算

带息商业票据在持有期间应于每期期末计算票据利息。计算的利息用来增加应收利息，同时冲减当期的财务费用。

$$应收票据利息 = 应收票据面值 \times 票面利率 \times 时间$$

注意：上式中的时间为票据签发日至利息计算日的时间间隔，即出票日期和到期日只能算其中的一天，即"算头不算尾"或"算尾不算头"。

【例2-24】接上［例2-23］星运公司于6月30日，计算当期应收票据的利息，并编制会计分录如下。

当月应计提的利息 = 257 400 × 10% × 1/12 = 2 145（元）

借：应收利息   2 145

  贷：财务费用   2 145

3. 应收票据到期

根据中国人民银行"支付结算办法"的规定，商业汇票的期限是指票据签发之日至到期日的时间间隔。票据的期限有按月和按日两种表示方法。由于票据的期限有两种表示方法，票据到期日的确定也有所不同。

（1）票据期限按月表示时，应以到期月份中与出票日相同的那一天作为到期日；月末签发的票据，无论大小月份，均以到期月份的月末这一天作为到期日。

【例2-25】星运交通运输公司收到金昌公司7月20日开出的面值为20 000元，期限为2个月的商业承兑汇票一张，用来偿还前欠货款，确定该票据的到期日。

该商业汇票的到期日应为9月20日。

如果将出票日期改为2月28日，其他条件不变，则到期日应当为4月30日。

（2）票据期限按日表示时，应当以实际经历天数计算。通常在确定实际经历天数时，出票日和到期日只能算其中的一天，即"算头不算尾"或"算尾不算头"。

【例2-26】星运交通运输公司9月10日收到华夏公司开出的一张面值为45 000元，期限为60天的商业承兑汇票，确定该票据的到期日。

（1）用"算头不算尾"的方法确定到期日。

9月　30－10＋1＝21（天）

10月　31（天）

11月　60－（21＋31）＝8（天）

因此，该票据的到期日期为11月9日。

（2）用"算尾不算头"的方法确定到期日。

9月　30－10＝20（天）

10月　31（天）

11月　60－（20＋31）＝9（天）

因此，该票据的到期日期为11月9日。

商业汇票到期时，如果可以收到票款，不带息商业汇票按面值金额借记"银行存款"账户，贷记"应收票据"账户。带息商业汇票按实际收到的金额借记"银行存款"账户，按应收票据的账面价值贷记"应收票据"，按其差额贷记"财务费用"账户。

企业到期的银行承兑汇票都能如期收到票款，因为客户的开户银行会无条件付款。但是企业持有的商业承兑汇票到期，如果客户的账户没有足够的存款支付，客户的开户银行会退回商业承兑汇票，企业则收不到票款。这时，企业应按应收票据的账面价值借记"应收账款"账户，贷记"应收票据"账户。

【例2-27】接上［例2-22］大华公司开出的商业汇票3个月后到期，星运交通运输公司如数收到票款。这时星运交通运输公司编制如下会计分录。

借：银行存款　　　　　　　　　　　　　　　69 732
　　贷：应收票据——商业承兑汇票　　　　　　　　　69 732

如果票据到期，大华公司银行账户没有足够的余额支付，星运交通运输公司应当编制如下会计分录。

借：应收账款——大华公司　　　　　　　　　69 732
　　贷：应收票据——商业承兑汇票　　　　　　　　　69 732

【例2-28】接上［例2-23］昌隆公司开出的带息商业汇票3个月后到期，星运交通运输公司如数收到票款。这时星运交通运输公司编制如下会计分录。

借：银行存款　　　　　　　　　　　　　　　263 835
　　贷：应收票据——商业承兑汇票　　　　　　　　　257 400
　　　　应收利息　　　　　　　　　　　　　　　　　4 290
　　　　财务费用　　　　　　　　　　　　　　　　　2 145

如果票据到期，昌隆公司银行账户没有足够的余额支付，星运交通运输公司应当编制如下会计分录。

借：应收账款——昌隆公司　　　　　　　　263 835

　　贷：应收票据——商业承兑汇票　　　　257 400

　　　　应收利息　　　　　　　　　　　　4 290

　　　　财务费用　　　　　　　　　　　　2 145

4. 应收票据的贴现

当企业资金短缺时，可将未到期的商业汇票到银行办理贴现而获得融通资金。贴现是指汇票持有人将未到期的商业汇票背书转让给银行，银行从票据中扣除贴现利息后，将余款付给持票人的一种行为。应收票据的背书是指持票人在票据背面签字盖章的行为，签字人称为背书人，背书人对票据到期付款负有连带责任。当已贴现的商业汇票到期时，若付款人无款支付，贴现银行将向贴现申请人（背书人）收取票款。

（1）贴现的计算过程。

贴现利息及贴现额的计算公式如下：

$$贴现利息 = 票据到期值 \times 贴现率 \times 贴现期$$

$$贴现净额 = 票据到期值 - 贴现利息$$

$$票据到期值 = 票据面值 + 票据利息$$

上述公式中：贴现期是指从贴现日到到期日所经历的天数，贴现日同样采用"算头不算尾"或"算尾不算头"的方法来计算。

（2）贴现的会计处理。

不带息商业汇票的到期值即为面值，贴现时，按实际收到的贴现款借记"银行存款"，按贴现票据的面值贷记"应收票据"（不带追索权，一般指银行承兑汇票）或"短期借款"（带追索权，一般指商业承兑汇票），两者之间的差额借记或贷记"财务费用"。如果贴现的商业汇票到期，承兑人不能兑付，背书贴现商业汇票的企业负有代原承兑人向银行兑付的责任。

【例2-29】星运交通运输公司于2015年9月20日将昌隆公司9月10日签发的面值为93 600元，期限为2个月的商业承兑汇票办理贴现，贴现利率为 3.6%。

该票据的到期日为 11 月 10 日，根据"算头不算尾"的方法计算出该票据的贴现期为 51 天。

贴现利息 = 93 600 × 3.6% ÷ 360 × 51 = 477.36（元）

贴现净额 = 93 600 − 477.36 = 93 122.64（元）

贴现时，星运交通运输公司编制如下会计分录。

借：银行存款   93 122.64

  财务费用   477.36

  贷：应收票据——商业承兑汇票   93 600

【例 2-30】承上例，如果上述商业汇票为银行承兑汇票，其他条件不变，票据贴现时应编制如下会计分录。

借：银行存款   93 122.64

  财务费用   477.36

  贷：短期借款   93 600

小思考

应收票据申请贴现后，到期无法支付货款，企业应当承担怎样的责任？

四、预付账款

（一）预付账款的核算

1. 预付账款概述

预付账款是指交通运输业按照交通运输业承运合同规定预付给运输、仓储单位的款项，以及交通运输业按规定预付给外轮公司、仓库公司的舱位定金和仓库定金等。预付账款与应收账款、应收票据同为交通运输业的债权，但是产生的原因不同。预付账款是交通运输业预付劳务费用引起的，是使用服务的企业主动预先付款给提供劳务服务的客户形成的债权。而应收账款、应收票据是交通运输业已提供完劳务而引起的债权。

为了反映预付账款的增减变动情况，交通运输业应当设置"预付账款"账户进行核算。该账户借方登记预先支付的款项，贷方登记收到托运公司应结转的预付账款，期末余额一般在借方。预付账款不多的企业可以不设置"预付账款"账户，而直接通过"应收账款"账户核算。

2. 预付账款的账务处理

预付账款的核算包括预先支付款项和实际享受劳务服务或收到所购物资后的结算两部分。

（1）预先支付款项的账务处理。根据承运合同规定预先支付给运输人、仓储单位货款及预付外轮公司、仓库公司的定金时，借记"预付账款"账户，贷记"银行存款"账户。

（2）实际享受劳务服务或收到所购物资后的账务处理。交通运输业享受相关服务或收到所购物资后，根据有关发票账单金额借记"原材料""库存商品""应交税费——应交增值税（进项税额）"等账户，贷记"预付账款"账户。当预付货款大于享受服务或采购物资所需支付的款项时，对于收回的多余款项应借记"银行存款"账户，贷记"预付账款"账户；当预付货款小于享受服务或采购物资所需支付的款项时，对于补付的款项应借记"预付账款"账户，贷记"银行存款"账户。

【例 2-31】公司预付购料款 50 000 元，5 日后，星运交通运输公司收到大洋公司发来的材料并验收入库，增值税发票所列的价款为 70 000元，增值税为 11 900 元，当日星运交通运输公司补付款项 31 900 元。根据有关凭证，星运交通运输公司编制如下会计分录。

（1）预付货款。

借：预付账款——大洋公司   50 000

    贷：银行存款   50 000

（2）收到材料。

借：原材料　　　　　　　　　　　　　　　　　　70 000

　　应交税费——应交增值税（进项税额）　　11 900

　　　　贷：预付账款——大洋公司　　　　　　　　　　81 900

（3）补付货款。

借：预付账款——大洋公司　　　　　　　　　　31 900

　　　　贷：银行存款　　　　　　　　　　　　　　　　31 900

【例2-32】公司预付购料款60 000元，15日后，星运交通运输公司收到昌隆公司发来的材料并验收入库，增值税发票所列的价款为42 000元，增值税为7 140元，当日星运交通运输公司收到退回的多余款项10 860元。根据有关凭证星运交通运输公司编制如下会计分录。

（1）预付货款。

借：预付账款——昌隆公司　　　　　　　　　　60 000

　　　　贷：银行存款　　　　　　　　　　　　　　　　60 000

（2）收到材料。

借：原材料　　　　　　　　　　　　　　　　　　42 000

　　应交税费——应交增值税（进项税额）　　7 140

　　　　贷：预付账款——昌隆公司　　　　　　　　　　49 140

（3）退回多余货款。

借：银行存款　　　　　　　　　　　　　　　　10 860

　　　　贷：预付账款——昌隆公司　　　　　　　　　　10 860

（二）其他应收款的核算

1. 其他应收款的内容

其他应收款是指除应收票据、应收账款、预付账款以外的其他各种应收、暂付其他单位和个人的各种款项。其内容主要包括：

（1）应收的各种赔款。其主要是指向保险公司和责任人收取的各种赔偿款。

（2）应收的出租包装物的押金。

（3）预付给企业内部各部门或个人的备用金。

（4）应向职工收取的各种垫付款项，如为职工代垫的水电费以及应由职工负担的医药费等。

（5）各种存出保证金，如租入包装物而支付的押金。

（6）其他各种应收、暂付款项。

2. 其他应收款的账务处理

为了反映各种应收款项的增减变化，企业应当设置"其他应收款"账户进行核算。该账户借方登记发生的各种应收、暂付款项，贷方登记企业收回的各种款项，余额一般在借方，表示尚未收回的各种应收、暂付款项。

【例2-33】星运交通运输公司向大华公司租入集装箱一批，以银行存款支付集装箱押金28 000元。3个月后，退还集装箱，收回押金。

（1）支付押金。

借：其他应收款——大华公司　　　　　　　　　28 000

　　贷：银行存款　　　　　　　　　　　　　　　　　28 000

（2）3个月后收到押金。

借：银行存款　　　　　　　　　　　　　　　　28 000

　　贷：其他应收款——大华公司　　　　　　　　　　28 000

【例2-34】8月5日星运交通运输公司销售业务员张明出差预借支差旅费3 000元，以现金支付。8月12日，张明出差回来报销差旅费2 740元，多余现金退回财务科。

（1）8月5日张明预借支差旅费。

借：其他应收款——张明　　　　　　　　　　　3 000

　　贷：银行存款　　　　　　　　　　　　　　　　　3 000

（2）8月12日张明报销差旅费。

借：销售费用   2 740

  库存现金   260

  贷：其他应收款——张明   3 000

五、坏账

（一）坏账的确定

应收账款可能由于各种原因收不回来或者收回的可能性非常小，这些收不回来的应收账款称为坏账。由于发生坏账而给企业带来的损失称为坏账损失。企业确认坏账的条件有以下三条。

（1）债务人死亡，以遗产清偿后仍无法收回的应收款项。

（2）债务人破产，以其破产财产清偿后仍无法收回的应收款项。

（3）债务人在较长时期内没有履行偿债义务，并有足够的证据证明无法收回或收回可能性很小的应收款项。

企业对于已经确认为坏账的应收款项，并不意味着企业放弃了追索权，已确认为坏账的应收款项一旦收回，应及时予以入账。

（二）坏账的账务处理

坏账损失的核算有直接转销法和备抵法两种。

1. 直接转销法

直接转销法是指企业的应收账款在确认为坏账时，直接冲销应收账款，同时确认资产减值损失的一种方法。

采用直接转销法核算坏账，只有当某项应收账款确实无法收回时，才作为坏账损失。在坏账发生时，借记"资产减值损失"账户，贷记"应收账款"账户。如果已核销的坏账，以后又收回时，借记"应收账款"账户，贷记"资产减值损失"账户，同时，借记"银行存款"账户，贷记"应收账款"账户。

【例2-35】星运交通运输公司经多次催收，大华公司所欠货款59 400元最终确定收不回来。经批准，确认该笔应收账款为坏账。

（1）确认坏账。

借：资产减值损失　　　　　　　　　　　　　59 400

　　贷：应收账款——大华公司　　　　　　　　　　　59 400

（2）如果已核销的坏账，以后又收回。

借：应收账款——大华公司　　　　　　　　　59 400

　　贷：资产减值损失　　　　　　　　　　　　　　　59 400

同时，借：银行存款　　　　　　　　　　　　59 400

　　贷：应收账款——大华公司　　　　　　　　　　　59 400

直接转销法在会计处理上方法比较简单，但不符合权责发生制和收入费用配比原则的要求，同时，也不符合谨慎性的要求。由于核销手续繁杂，平时没有确认坏账损失，使不能收回的应收账款长期挂账，不能在资产负债表上真实地反映出应收账款的可变现净值，导致利润和资产的虚增。因此，我国《企业会计准则》规定，不允许企业采用直接转销法核算坏账损失。

2. 备抵法

备抵法是指按期估计可能发生的坏账损失并提取坏账准备金，当实际发生坏账时，再抵减提取的坏账准备金。

备抵法由于在提取坏账准备时，将资产减值损失计入了各期，做到了收入与费用的配比，符合配比原则的要求。另外，资产负债表上可以反映应收账款的可变现净值，避免了虚增资产和利润的情况，符合谨慎性和权责发生制的要求。我国《企业会计制度》要求我国企业、单位采用备抵法核算坏账损失，企业应定期或者至少于每年年度终了时全面检查各项应收款项，预计可能发生的坏账损失，并且计提坏账准备。提取坏账准备的方法和提取比例由企业自行确定。

采用备抵法核算坏账损失，应当设置"坏账准备"账户和"资产减值损失"账户等。在企业预先提出坏账准备时，借记"资产减值损失"账户，贷记"坏账准备"账户；当企业发生坏账损失时，借记"坏账准备"账户，贷记"应收账款"账户。若已作坏账转销的坏账以后又收回时，应先冲销原已作坏账确认的分录，借记"应收账款"账户，贷记"坏账准备"账户；同时，借记"银行存款"账户，贷记"应收账款"账户。

坏账准备的提取方法有应收账款余额百分比法、赊销百分比法和账龄分析法三种。

（1）赊销百分比法。

赊销百分比法就是根据当期赊销金额的一定百分比估计坏账损失的方法。采用此方法计提坏账准备时，估计坏账损失百分比可能由于企业生产经营情况的不断变化而不适应，因此，需要经常检查百分比，倘若发现过高或过低的情况，应及时调整，以反映企业坏账损失的实际情况。

（2）应收账款余额百分比法。

应收账款余额百分比法是根据事先估计的坏账准备提取比例，以期末应收账款账户余额为基数，确定坏账准备金额以及资产减值损失的方法。

每期应计提的坏账准备 = "应收账款"账户的期末余额 × 提取比例 + "坏账准备"账户的期末借方余额（ – "坏账准备"账户的期末贷方余额）

【例 2 – 36】东方交通运输公司 2015 年年末应收账款余额为 240 000元，坏账准备账户无期末余额。坏账准备的提取率为 5%。

2015 年年末东方交通运输公司应提取的坏账准备 = 240 000 × 5% = 12 000（元）

借：资产减值损失　　　　　　　　　　　　　　12 000
　　贷：坏账准备　　　　　　　　　　　　　　　　12 000

【例 2 – 37】南方交通运输公司 2015 年年末应收账款余额为 200 000元，坏账准备的提取率为 5%，当年坏账准备账户有贷方余额 13 000 元。

2015 年年末星运交通运输公司应提取的坏账准备 = 200 000 × 5% – 13 000 = – 3 000（元）

借：坏账准备 3 000

    贷：资产减值损失 3 000

【例 2 - 38】星运交通运输公司 2014 年年末应收账款余额为 200 000元，坏账准备账户无余额；2015 年发生两笔坏账，其中 A 公司应收账款 23 000 元，B 公司应收账款 12 000 元，2015 年年末应收账款余额为220 000元；2016 年收回上年度已作坏账处理的 A 公司应收账款 23 000 元，2016 年应收账款的余额为 280 000 元，坏账准备的提取率为 5%。

① 2014 年应提取的坏账准备 = 200 000 × 5% = 10 000 （元）。

借：资产减值损失 10 000

    贷：坏账准备 10 000

② 2015 年发生坏账。

借：坏账准备 35 000

    贷：应收账款——A 公司 23 000

            ——B 公司 12 000

③ 2015 年应提取的坏账准备 = 220 000 × 5% + 25 000 = 36 000 （元）。

借：资产减值损失 36 000

    贷：坏账准备 36 000

④ 2016 年收回坏账。

借：应收账款——A 公司 23 000

    贷：坏账准备 23 000

同时：借：银行存款 23 000

        贷：应收账款——A 公司 23 000

⑤ 2016 年应提取的坏账准备 = 280 000 × 5% - 34 000 = - 20 000 （元）。

借：坏账准备 20 000

    贷：资产减值损失 20 000

（3）账龄分析法。

账龄分析法是根据应收账款账龄的长短来确定计算坏账准备的方法。一般来说，应收账款拖欠的时间越长，表明客户的偿债能力越差，发生坏账的可能性就越大，因而提取的坏账准备也应越多。

【例2-39】昌隆公司2015年年末对期末应收账款进行账龄分析，具体情况如表2-5所示。

表2-5 应收账款账龄分析表

应收账款账龄		应收账款金额(元)	估计坏账损失比例(%)	估计坏账损失额(元)
未到期		24 000	0.5	120
过期时间	1个月	30 000	1	300
	2个月	25 000	2	500
	3个月	40 000	3	1 200
	4个月	32 000	5	1 600
	5个月以上	45 000	10	4 500
合　计		196 000	—	8 220

该企业2015年坏账准备账户有借方余额2 400元。

2015年昌隆公司应提取的坏账准备=8 220-2 400=5 820（元）

借：资产减值损失　　　　　　　　　　　　　　5 820

　　贷：坏账准备　　　　　　　　　　　　　　　　　5 820

从前面对坏账准备计提方法的介绍中可以看出，不论哪种方法，估计坏账率是关键的一环。企业在确定坏账准备的计提比例时，应当根据企业以往的经验、欠款单位的实际财务状况、现金流量情况以及其他信息来合理估计。除有确凿证据表明该项应收账款不能收回，或收回的可能性很小外，下列各种情况一般不能全额计提坏账准备：当年发生的应收款项；计划对应收款项进行重组；与关联方发生的应收款项；其他已逾期但无确凿证据表明不能收回的应收款项。此外，企业持有的未到期的应收票据，如有确凿证据表明不能收回或收回的可能性很小时，也应当将其账面余额转入应收账款，并计提相应的坏账准备。

小提示

企业采用备抵法计提坏账准备是最主要的一种坏账核算方法。

知识结构图

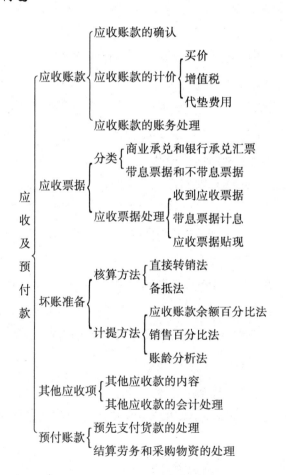

2.3 存货的核算

一、存货的概念与特征

《企业会计准则第 1 号——存货》规定：存货是指企业在日常活动中持有以备出售的产成品或商品、处在生产过程中的在产品、在生产过程或提供劳务过程中耗用的材料和物料等。存货具有如下特征：

（1）企业持有存货的最终目的是为了出售，而不是自用或消耗。这是存货最基本的特征，存货在企业的整个生产经营活动中不断地被销售、耗用和重置，这个特征明显区别于固定资产、无形资产等。

（2）存货属于流动资产的范畴，在企业流动资产中占的比重大，具有较大的流动性。存货一般都将在一年内或者超过一年的一个营业周期内被销售或耗用，并不断地进行重置，因而具有较大的流动性。存货的流动性低于货币资金、交易性金融资产、应收账款等流动资产，但与固定资产、无形资产相比流动性明显大。

（3）存货属于有形资产，其变现金额具有不确定性。存货的最终目的是销售，因而最终转换成货币资金。但是存货的价值易受市场价格以及其他因素变动的影响，转换成货币资金的数额具有不确定性，易发生减值损失。

二、存货的分类

为了加强对存货的管理，正确核算交通运输业的成本，必须对存货进行科学的分类。交通运输业的存货按其来源和用途不同可以分为以下三大类。

1. 原材料

它是指企业购入的各种用于提供劳务的物品及辅助性物品。交通运输业的原材料主要包括营运用燃料和轮胎以及辅助材料等。燃料是交通运输业用于储备的存货，包括气体、固体、液体形态；轮胎是交通运输业为运输设备而储备的替换件；辅助材料是指有助于产品形成但不构成产品实体的各种辅料，如油漆、防腐剂、润滑剂、黏合剂等。

2. 周转材料

它是指企业能够多次使用、逐渐转移其价值但仍保持原有形态、未确认为固定资产的材料，包括包装物、低值易耗品等。包装物是指为了包装本企业产品及商品而储备的各种包装容器如桶、箱、瓶、坛、袋等，其主要作用是盛装商品、装潢商品、保护商品；低值易耗品是指不能作为固定资产核算的各种用具物品。这些物品的使用年限和单位价值都在规定限额以下，主要包括一般工具、专用工具、替换设备、管理用具和劳动保护用品等。

3. 库存品

交通运输业，特别是第三方交通运输业库存管理的商品或材料，从形式上看，具有一般企业库存商品的流动性、变现性，但从所有权的归属看，交通运输业的库存商品或材料大多是代管理性质的，其所有权不属于交通运输业，因此把交通运输业库存管理的内容称为库存品。交通运输业管理的库存品，是委托企业所代管的企业财产，交通运输业对这部分库存品要负全部的安全责任。同时，如果库存品在储运过程中发生事故，会对交通运输业的声誉产生重大影响，即带来风险。因此交通运输业要加强库存品的核算和管理。

三、存货的确认

《企业会计准则——存货》准则中规定，企业在日常活动中所耗用的资源要确认为存货，首先要符合存货的概念。在此前提下，存货应当在同时满足以下两个条件时，才能加以确认。

（1）与存货有关的经济利益很可能流入企业。通常情况下，随着实物的交付和存货所有权的转移，所有权上的主要风险和报酬也一并转移。

对销售方而言，存货所有权的转移一般表明其所包含的经济利益能够流入企业。因此，存货确认的一个重要标志是企业是否拥有存货的所有权且很有可能给企业带来经济利益，而不论存货的存放地点。

（2）与存货相关的成本能够可靠地计量。存货作为企业的资产，必须符合资产确认的基本条件即成本能够可靠地计量。成本能够可靠地计量是指成本的计量必须以取得的确凿、可靠的证据为依据，并且具有可验证性。如果存货的成本不能可靠地计量，则存货不能予以确认。

只有当上述两个条件同时得到满足时，其才能作为企业存货的组成部分进行核算。

四、存货的初始计量

存货的初始计量是指企业承包在取得存货时，对存货入账价值的确定。存货的初始计量应以取得存货的实际成本为基础，实际成本包括采购成本、加工成本和其他成本等。由于存货的取得方式多样，而且在不同的取得方式下存货成本具体的构成内容不一致，因此，存货取得时的实际成本应结合存货的取得方式来确定。

（一）外购存货的成本

外购存货的成本即存货的采购成本，是指存货从采购到入库前发生的全部支出，具体包括：购买货款、运杂费、相关税费、入库前的挑选整理费以及运输途中的合理损耗等。买价是指购货发票上所注明的货款金额；运杂费是指购进货物运输途中发生的运费、装卸费、保险费、包装费、仓储费等。其中，一般纳税人的运费是指按税法规定抵扣增值税后的金额；入库前的挑选整理费是指对购入的存货进行分类、分级整理和挑选而发生的工资、费用等支出，以及损耗存货价值的净支出；运输途中的合理损耗是指由于某些物资的特性使得其在运输过程中必然会发生一定的短缺和损耗，并且该种损耗是合理的；相关税费是指应计入购入物资成本的各种税金，如进口关税、消费税等，但不包括可以抵扣的增值税。

（二）自制存货的成本

自制存货的成本包括采购成本和加工成本以及其他成本。其中，采购成本是由自制存货所使用或消耗的原材料采购成本转移而来的，自制存货成本计量的重点是确定加工成本。加工成本是指存货在加工过程中发生的直接人工和制造费用。其他成本是指除采购成本、加工成本以外，使存货达到目前场所和状态所发生的其他支出。

（三）接受投资取得的存货成本

交通运输业接受投资者以存货投资时，所取得的存货成本按照投资各方确认的价值作为实际成本。

（四）委托外单位加工的存货成本

委托外单位加工的存货其实际成本包括拨付的加工原材料或半成品的成本以及为加工而发生的加工费、运输费、装卸费、保险费等费用和按规定应计入成本的各种税金。

（五）接受捐赠的存货成本

接受捐赠的存货成本一般按捐赠方提供的发票账单上的金额加上应支付的相关税费作为实际成本；接受捐赠的存货没有发票账单的，如果同类或类似存货存在活跃市场的，按同类或类似存货的市场价估计其金额并加上应支付的相关税费作为实际成本；接受捐赠的存货既没有发票账单又没有同类或类似活跃市场的，则按该受赠存货预计提供的未来现金流量的现值作为实际成本。

五、原材料的核算

交通运输业的原材料主要是指营运用的燃料和轮胎以及一些辅助用料等。为了反映和监督原材料的增减变化及其结存情况，交通运输业应设置"原材料"账户核算营运燃油和营运轮胎的领用和结存。该账户借方登记外购或自制完工交库或委托外单位加工完成入库的原材料成本，贷方登记因各部门领用而减少的原材料的成本，期末借方余额表示期末结存的原材料的成本。

（一）原材料购进的核算

1. 原材料验收入库和货款同时结算

当交通运输业收到存货验收入库，并同时办理完货款结算时，企业应按发票账单等结算凭证确定的存货成本和增值税，借记"原材料""应交税费——应交增值税（进项税额）"账户，按实际支付的款项或应付票据面值，贷记"银行存款""应付票据""应付账款"等账户。

【例2-40】星运交通运输公司购入A材料一批。增值税专用发票上注明的价款为200 000元，增值税税额为34 000元，材料已验收入库，货款通过银行转账支付。

借：原材料——A材料　　　　　　　　　　　　200 000

　　应交税费——应交增值税（进项税额）　　　 34 000

　　贷：银行存款　　　　　　　　　　　　　　　　234 000

【例2-41】星运交通运输公司向大发公司购入甲材料一批。增值税专用发票上注明的价款为114 000元，增值税税额为19 380元，材料已验收入库。星运交通运输公司开出一张面值为133 380元，期限为3个月的商业承兑汇票给大发公司。

借：原材料——甲材料　　　　　　　　　　　　114 000

　　应交税费——应交增值税（进项税额）　　　 19 380

　　　贷：应付票据——商业承兑汇票　　　　　　　133 380

2. 货款已结算，但存货尚未验收入库

当交通运输业已经支付了货款或开出了商业承兑汇票，但存货尚未验收入库时，企业应按发票账单上的存货成本和增值税，借记"在途物资""应交税费——应交增值税（进项税额）"账户，贷记"银行存款""应付票据"等账户。待以后收到存货并验收入库时，借记"原材料"账户，贷记"在途物资"账户。

【例2-42】2015年11月15日，星运交通运输公司向滨江公司购入丙材料一批。增值税专用发票上注明的价款为164 000元，增值税税额为

27 880 元。材料尚在运输途中，款项以银行存款支付。

借：在途物资——丙材料　　　　　　　　　164 000

　　应交税费——应交增值税（进项税额）　　27 880

　　贷：银行存款　　　　　　　　　　　　　　　191 880

假设上述丙材料于 2015 年 12 月 8 日验收入库：

借：原材料——丙材料　　　　　　　　　　164 000

　　贷：在途物资——丙材料　　　　　　　　　164 000

3. 存货已验收入库，货款尚未结算

当交通运输业收到购进的存货，但发票账单尚未到达、货款尚未结算的情况下，企业在收到存货时暂不做账务处理。如果在本月内相关的结算账单能够到达企业，则在支付货款或开出商业承兑汇票后，按发票账单上材料的实际成本和增值税税额，借记"原材料""应交税费——应交增值税（进项税额）"账户，贷记"银行存款""应付票据"等账户；如果月末时，相关的结算账单仍未到达企业，企业则应暂估入账，借记"原材料"账户，贷记"应付账款——暂估应付账款"账户。下月初做相同的红字分录予以冲回；待结算凭证到达后，再做采购验收入库的分录。

【例 2-43】2015 年 1 月 12 日，星运交通运输公司向华能公司购入丁材料一批，材料于当日验收入库，但相关的结算凭证尚未到达。月末时，该批材料的发票账单仍未到达，星运交通运输公司对该批材料以暂估价 79 000 元入账。2 月 16 日，结算账单到达，发票上注明的货款为80 000元，增值税税额为13 600 元，以银行存款支付货款。

（1）1 月 12 日，材料验收入库时，星运交通运输公司暂不作账务处理。

（2）1 月 31 日，结算凭证仍未到达，星运交通运输公司暂估入账。

借：原材料——丁材料　　　　　　　　　　79 000

　　贷：应付账款——暂估应付账款　　　　　　79 000

（3）2月1日，编制红字分录冲销暂估入账分录。

借：原材料——丁材料　　　　　　　　　　　　　$\boxed{79\ 000}$

　　贷：应付账款——暂估应付账款　　　　　　　$\boxed{79\ 000}$

（4）2月16日，收到结算账单，并支付货款。

借：原材料——丁材料　　　　　　　　　　　　　80 000

　　应交税费——应交增值税（进项税额）　　　　13 600

　　贷：银行存款　　　　　　　　　　　　　　　　　93 600

小思考

月末，结算账单未到的存货要暂估入账的原因是什么？

（二）原材料发出的核算

第三方交通运输业对其受托存货的管理重点在于保证数量的正确和安全，价格相对不重要。核算重点也相应地从一般存货管理中的入库价、出库价变为入库的数量，这样相对简便。但为了正确计量库存品的出入库及相关内容，交通运输业可会同委托企业，共同商定适合委托企业核算用的计价管理方法。对于存货发出计价的方法具体如下。

1. 个别计价法

个别计价法又称个别认定法、分批实际法。其特征是注重所发出存货具体项目的实物流转与成本流转间的联系，逐一辨认各批发出存货和期末存货所属的购进批别或生产批别，分别按其购入或生产时所确定的单位成本计算各批发出存货和期末存货的成本。

个别计价法要求企业对每一存货的品种规格、入账时间、单位成本、存放地点等做详细记录，特别适用于存货整批购进整批发出的企业。这种方法的准确性高，计算发出存货的成本和期末存货的成本比较合理，但对存货核算与管理的要求较高。该方法一般适用于专门购入和制造的存货，如名画、珠宝等贵重物品。

2. 先进先出法

先进先出法是指以先购入的存货应先发出（销售或耗用）这样一种存货实物流转假设为前提，对先发出的存货按先入库的存货单位成本计价，后发出的存货按后入库的存货单位成本计价，据以确定本期发出存货和期末结存存货成本的一种方法。采用先进先出法进行存货计价，可以随时确定发出存货的成本，从而保证了产品成本和销售成本计算的及时性；另外，采用这种方法，期末存货是最近入库的存货，成本比较接近现行市价；这种方法使企业不能随意挑选存货计价以调整当期利润。缺点是当企业的存货收发业务频繁时，工作量较大。当物价上涨时，会高估当期利润和存货价值；反之，会低估当期利润和存货价值。

3. 加权平均法

加权平均法是以每种存货库存数量和金额计算出加权平均单价，再以平均单价乘以发出数量和期末库存金额的一种方法。其计算公式为：

加权平均单价＝（期初库存金额＋本期购入金额）÷（期初库存数量＋

本期购入数量）

本期发出存货成本＝本期发出数量×加权平均单价

期末库存金额＝期末库存数量×加权平均单价

4. 移动加权平均法

移动加权平均法是在每次购入存货以后，下次发出存货之前根据库存数量及总成本算出新的平均单位成本的一种方法。其计算公式如下：

移动加权平均单价＝（结存金额＋本次购进金额）÷（结存数量＋本次购进数量）

本次发出存货成本＝本次发出数量×加权平均单价

本期发出存货成本＝∑各次发出存货成本

【例2－44】星运交通运输公司9月期初（原材料结存4 000件，单价为10元，金额为40 000元，购进批次为030）及本月原材料收发的情况如表2－6所示。要求：采用先进先出法、加权平均法计算发出材料的成本。

表 2-6　原材料收发情况

2015 年		业务号数	购　进				销售数量
月	日		数量	单价	金额	批次	
9	2	3	2 000	10.10	20 200	031	
	5	10					2 000
	8	16					1 000
	11	24	2 500	10.20	25 500	032	
	14	32					1 200
	20	39					1 200
							1 100
	23	46	3 000	10.40	31 200	033	
	25	53					800
	30	60					1 000

（1）采用先进先出法计算发出材料成本。

发出存货成本 = 2 000 × 10 + 1 000 × 10 + （1 000 × 10 + 200 × 10.10）+ （1 200 × 10.10 + 600 × 10.10 + 500 × 10.20）+ （800 × 10.20 + 1 000 × 10.20）= 83 660（元）

期末库存存货成本 = 200 × 10.20 + 3 000 × 10.40 = 33 240（元）

或者 = （40 000 + 20 200 + 25 500 + 31 200）- 83 660 = 33 240（元）

（2）加权平均法。

加权平均单价 = （40 000 + 20 200 + 25 500 + 31 200）÷ （4 000 + 2 000 + 2 500 + 3 000）≈ 10.17（元/件）

发出存货成本 = （2 000 + 1 000 + 1 200 + 1 200 + 1 100 + 800 + 1 000）× 10.17 = 84 411（元）

期末存货成本 = （40 000 + 20 200 + 25 500 + 31 200）- 84 411 = 32 489（元）

（3）移动加权平均法。

9月5日，第一次加权平均单价＝（40 000＋20 200）÷（4 000＋2 000）≈10.03（元/件）

9月5日和9月8日发出存货成本＝10.03×（2 000＋1 000）＝30 090（元）

9月8日，期末存货成本＝（40 000＋20 200）－30 090＝30 110（元）

9月11日，第二次加权平均单价＝（30 110＋25 500）÷（3 000＋2 500）≈10.11（元/件）

9月14日和20日发出存货成本＝（1 200＋1 200＋1 100）×10.11＝35 385（元）

9月20日期末存货成本＝（30 110＋25 500）－35 385＝20 225（元）

9月23日，第三次加权平均单价＝（20 225＋31 200）÷（1 500＋3 000）≈11.43（元/件）

9月25日和30日发出存货成本＝11.43×（800＋1 000）＝20 574（元）

9月30日期末存货成本＝（20 225＋31 200）－20 574＝30 851（元）

以先进先出法计算发出存货成本编制会计分录如下：

借：主营业务成本　　　　　　　　　　　　　　83 660
　　贷：原材料　　　　　　　　　　　　　　　　　83 660

5．计划成本计价法

存货按计划成本计价，是指从存货收发的会计凭证到存货核算的明细分类账和总分类账，全部按计划成本计价。在此计价方法下，应设置"原材料""材料采购"和"材料成本差异"等账户。"原材料"账户借贷方分别登记入库材料和发出材料的计划成本。"材料采购"账户，借方登记采购材料的实际成本，贷方登记入库材料的计划成本。该账户借方大于贷方表示超支，则应从本账户转入"材料成本差异"账户的贷方；反之则为节约，应从本账户的贷方转入"材料成本差异"账户的借方。

"材料成本差异"账户，反映企业入库材料的实际成本与计划成本的差异。该账户借方登记入库材料的超支差和发出材料应负担的节约差；该账户贷方登记入库材料的节约差和发出材料应负担的超支差；该账户期末借方余额表示超支差，贷方余额表示节约差。

企业发出的存货应于每月分摊应承担的材料成本差异，不得在季末或年末一次计算。

本期材料成本差异率 =（期初存货成本差异 + 本期入库存货成本差异）÷（期初存货计划成本 + 本期入库存货计划成本）×100%

本期发出存货应负担的成本差异 = 发出存货的计划成本 × 本期材料成本差异率

本期期末存货应负担的成本差异 = 期末存货的计划成本 × 本期材料成本差异率

【例2-45】大发交通运输公司的存货采用计划成本计价法进行核算，2015年1月1日，"原材料"账户期初余额为50 000元，"材料成本差异"账户的贷方余额为1 000元（节约差）。1月6日，大发交通运输公司购入A材料10吨，发票上注明的实际价格为210 000元，增值税为35 700元，款项以银行存款支付，材料按205 000元的计划价验收入库。1月20日，购入A材料5吨，发票上注明的实际价格为100 000元，增值税为17 000元，材料按102 500元的计划成本验收入库。1月30日，企业行政管理部门领用A材料6吨，计划成本为123 000元。

（1）1月6日，购入材料。

借：材料采购——A材料　　　　　　　　　　210 000

　　应交税费——应交增值税（进项税额）　　35 700

　　贷：银行存款　　　　　　　　　　　　　　　　245 700

验收入库时：

借：原材料——A 材料   205 000

  材料成本差异   5 000

   贷：材料采购——A 材料   210 000

（2）1 月 20 日，购入材料。

借：材料采购——A 材料   100 000

  应交税费——应交增值税（进项税额） 17 000

   贷：银行存款   117 000

验收入库：

借：原材料——A 材料   102 500

   贷：材料成本差异   2 500

    材料采购——A 材料   100 000

（3）1 月 30 日，发出材料。

本期材料成本差异率 ＝（－1 000 ＋ 5 000 － 2 500）÷（50 000 ＋
205 000 ＋ 102 500）×100% ＝ 0.42%

本期发出存货应负担的成本差异 ＝ 123 000 × 0.42% ＝ 516.6（元）

借：管理费用   123 516.6

   贷：原材料   123 000

    材料成本差异   516.6

小活动

自己动手重新计算本任务中发出材料成本核算的例题，分析哪种方法计算出的发出存货成本最准确。

六、燃料和轮胎的核算

交通运输业不直接生产有形产品，因此严格地讲并不存在所谓原材料，但在交通运输业提供运输服务的过程中，燃油和轮胎属于经常性消耗物料，其价值的转换模式和工业企业的原材料又非常近似，因此，交通运输业一般把燃油和轮胎作为原材料处理。

（一）燃料的核算

燃料管理制度分车存燃料管理和车耗燃料管理两方面。

1. 车存燃料的管理

车存燃料是营运车辆投产后，接受任务出车运行前储存于车辆油箱内的燃料。在实际工作中，车存燃料的管理方法有两种。

（1）满油箱制。它要求投入运营的车（船），在每次加油时必须充满油箱，月末根据领油凭证计算出车（船）耗油的数额，从而考核车（船）的耗油情况。

（2）盘存制。它要求每一投入运营的车（船）根据实际需要领料加油，月末经过盘存油箱的实存数后，计算出当月实际耗油数量。

2. 车耗燃料的管理

在实际工作中，车耗燃料管理可采用行车路单领油记录和行车燃料颁发记录表、行车路单套写领油收据、行车路单贴附燃料领用凭证、定额油票等方法。

燃料领用、发出的核算包括车存燃料的核算和车耗燃料的核算。应在"燃料"账户下分别设置"库存"和"车存"明细账户进行核算，但实行满油箱制的企业，可以不设置明细账户。

（1）油库发出燃料的账务处理。

为了计算各油库发出燃料的数量，月末，各油库将燃料收发结存月报等有关凭证报送企业财务部门。财务部门根据实际上车的数量作如下会计分录。

借：原材料——燃料——车存
　　贷：原材料——燃料——库存

（2）行车耗用燃料的账务处理。

【例2-46】某汽车运输企业车队的车存燃料实行满油箱制，2015年

1月，燃料发出汇总表如表2-7所示。

表2-7 燃料发出汇总表

2015年1月   单位：元

领用单位	计划成本	领用单位	计划成本
货运一车队	55 000	公司交通车	6 500
货运二车队	38 200	合计	99 700

根据上述燃料发出汇总表，应作如下会计分录。

借：主营业务成本——运输支出   93 200

  管理费用   6 500

  贷：原材料——燃料   99 700

同时，结转发出燃料应负担的成本差异。假设当月燃料成本差异为3%，应作如下会计分录。

借：主营业务成本——运输支出   2 796

  管理费用   195

  贷：材料成本差异——燃料   2 991

（二）轮胎的核算

轮胎包括外胎、内胎和垫带，是汽车运输企业的重要部件。应设置"轮胎"账户，专门核算轮胎的收发和结存情况。轮胎的收入核算与工业企业材料收入的核算相似，这里只介绍轮胎发出的核算方法。

轮胎领用、发出时，可以采用以下两种方法。

1. 一次摊销法

【例2-47】某汽车运输企业，本月领用新轮胎，实际成本为6 000元。对该项业务应作如下会计分录。

借：主营业务成本——运输支出   6 000

  贷：原材料——轮胎   6 000

2. 分期摊销法

如果一次性领用轮胎的数量很多并且摊销期限超过12个月，为了合理地负担成本，应对轮胎成本进行分期摊销，通过"长期待摊费用"账户进行核算，每月摊销的计算公式为：

轮胎每月摊销额 = 轮胎原值 ÷ 预计使用月数

七、周转材料的核算

周转材料是企业存货的一部分，而且是其比较特殊的一部分，主要包括低值易耗品和包装物。

（一）周转材料——低值易耗品的核算

1. 低值易耗品的定义

低值易耗品是指单位价值较低，使用年限较短，不能作为固定资产的各种用具物品。这些物品主要有一般工具、专用工具、替换设备、管理用具、玻璃器皿等。低值易耗品与固定资产一样，也属于劳动资料，但因其价值低、容易损坏，按照重要性的要求将其归入流动资产，视同存货进行管理与核算。

2. 低值易耗品的核算

低值易耗品的核算通过设置"低值易耗品"账户进行。该账户借方登记外购自制完工交库或委托外部加工完成入库的低值易耗品的成本，贷方登记因领用、摊销等原因减少的低值易耗品的成本，期末借方余额表示期末结存低值易耗品的成本。

低值易耗品因价值低、易损耗、更换频繁，这决定了对它的核算与材料相一致。但从经营过程看，它是劳动资料，而不是劳动对象，它可以在若干个经营周期中发挥作用而不改变原有实物形态，并随着实物损失逐渐转移，报废时往往有一定的残余价值。因此，相关的准则对低值易耗品摊销的方法也作出了明确规定，具体有如下摊销方法。

（1）一次转销法。

一次转销法是指低值易耗品在领用时，将其全部价值一次计入当月（领用月份）产品成本、期间费用等；报废时如果有残值，将残料价值冲减有关的成本、费用，作为当月摊销的减少。

【例2－48】星运交通运输公司3月份领用办公用具一批，总成本为600元。3个月后该批办公用具报废，残料入库作价40元，则会计分录如下。

领用时：

借：管理费用   600

    贷：周转材料——低值易耗品   600

报废时：

借：原材料   40

    贷：管理费用   40

（2）五五摊销法。

五五摊销法是指低值易耗品在领用时先摊销其账面价值的一半；在报废时再摊销其账面价值的另一半。为了反映在库、在用低值易耗品的价值和低值易耗品的摊余价值，应当设置"在库低值易耗品""在用低值易耗品"和"低值易耗品摊销"三个明细账户进行核算。五五摊销法的最大优点是领用的低值易耗品均保留在会计账簿上，便于通过账簿进行实物控制，有利于确保低值易耗品的安全与完整。

【例2－49】承［例2－48］，星运交通运输公司采用五五摊销法分摊低值易耗品价值。会计分录如下：

领用时：

借：周转材料——低值易耗品——在用低值易耗品   600

    贷：周转材料——低值易耗品——在库低值易耗品   600

借：制造费用   300

    贷：周转材料——低值易耗品——低值易耗品摊销   300

报废时：

借：管理费用   260

  原材料   40

    贷：周转材料——低值易耗品——低值易耗品摊销   300

借：周转材料——低值易耗品——低值易耗品摊销　　　600

　　贷：周转材料——低值易耗品——在用低值易耗品　　　600

（二）周转材料——包装物的核算

1. 包装物的定义

包装物是指为了包装本企业商品而储备的各种包装容器，如桶、箱、瓶、坛、袋等，其主要作用是盛装、装潢产品或商品。企业用于产品包装用的各种材料如纸、绳子、铁丝、铁皮等，不属于包装物的范畴，应当作为企业的原材料核算。包装物具有流动性大、流转环节多、使用情况复杂等特点。其主要作用在于保护产品，防止损坏变质；装潢产品，以利促销。

2. 包装物的分类

包装物一般分为以下几大类：

（1）生产过程中用于包装产品，作为产品组成部分的包装物。

（2）随同产品出售而不单独计价的包装物。

（3）随同产品出售单独计价的包装物。

（4）出租或出借给购买方使用的包装物。

3. 包装物的核算

企业包装物的核算与低值易耗品的核算相似，一般应设置"周转材料——包装物"账户进行核算。包装物可按类别、种类、规格设置明细账进行明细核算，在五五摊销法下分别设置"在库包装物""在用包装物"和"包装物摊销"进行明细核算。该账户属于资产类账户，借方登记包装物的增加，贷方登记包装物的减少。

（1）生产过程中领用包装物的核算。

企业在生产过程中领用的包装物，在包装产品后，就成为产品的一部分，应将其直接记入产品的成本。

【例2-50】星运交通运输公司为长发公司电子产品储运领用纸箱10 000只，每只15元。

借：主营业务成本 150 000

　　贷：周转材料——包装物 150 000

（2）出售包装物的核算。

交通运输业的包装物在销售过程中分为随同产品出售不单独计价的包装物和随同产品出售单独计价的包装物两种，其核算方法各有差异。

①不单独计价的包装物。

随同产品出售不单独计价的包装物，由于是在销售过程中发生的，其成本应当计入当期的销售费用。

【例2-51】星运交通运输公司销售产品，领用不单独计价的纸箱30只，每只成本10元。

借：销售费用 300

　　贷：周转材料——包装物 300

②单独计价包装物的核算。

随同产品出售单独计价的包装物作为出售包装物处理，与出售材料一样，将出售包装物获得的收入记入"其他业务收入"账户，将出售包装物的成本记入"其他业务成本"账户。

【例2-52】星运交通运输公司在货物销售过程中，随同产品出售一批包装物，出售包装物的收入为2 600元，增值税为442元，款项收到存银行。该批包装物的成本为1 400元。

借：银行存款 3 042

　　贷：其他业务收入 2 600

　　　　应交税费——应交增值税（销项税额） 442

同时：借：其他业务成本 1 400

　　　　贷：周转材料——包装物 1 400

（3）出租包装物的核算。

为了充分利用包装物，交通运输业在销售产品时，可以开展包装物的出租业务。包装物的出租是指企业因销售产品将包装物出租给购货单位使用，出租时要收取一定数额的押金，使用完毕，归还包装物时，按租用天数向承租人收取租金，同时归还押金。出租包装物获得的租金收入记入"其他业务收入"账户，而包装物的押金需要归还，因此记入"其他应付款"账户核算。因包装物损坏或者逾期不能归还的包装物，应将其押金作为"营业外收入"处理。

【例2-53】星运交通运输公司出租给D公司木箱200个，每个成本为40元，租金每个为8元，押金每个为50元，款项收到存银行。2个月后，D公司归还包装物180个，20个已损坏，取得残料60元。星运交通运输公司扣除20个包装物的押金，其他押金归还。

①发出包装物。

借：其他业务成本　　　　　　　　　　　　　　　　　8 000
　　贷：周转材料——包装物　　　　　　　　　　　　　　8 000

②收取押金及租金。

借：银行存款　　　　　　　　　　　　　　　　　　 11 600
　　贷：其他业务收入　　　　　　　　　　　　　　　　　1 600
　　　　其他应付款　　　　　　　　　　　　　　　　　10 000

③收回包装物，同时退回押金。

借：其他应付款　　　　　　　　　　　　　　　　　10 000
　　贷：银行存款　　　　　　　　　　　　　　　　　　9 000
　　　　营业外收入　　　　　　　　　　　　　　　　　1 000

同时，借：原材料　　　　　　　　　　　　　　　　　　60
　　　　贷：其他业务成本　　　　　　　　　　　　　　　　60

（4）出借包装物的核算

包装物出借是指企业因销售产品将包装物出借给购买方暂时使用。出借包装物不会给企业带来收入，这是与出租包装物的典型区别；但是，出借包装物同样要收取相应的押金，押金的核算与出租包装物相同。

【例2-54】星运交通运输公司将自有的包装箱出借给 A 公司使用，该批包装箱的成本为 1 200 元，收到 A 公司交来的押金 3 000 元存银行。3 个月后，收到 A 公司退还的包装箱。

①发出包装箱。

借：销售费用　　　　　　　　　　　　　　1 200
　　贷：周转材料——包装物　　　　　　　　　　　1 200

②收到押金。

借：银行存款　　　　　　　　　　　　　　3 000
　　贷：其他应付款　　　　　　　　　　　　　　　3 000

③归还包装箱时不做会计处理，只对包装箱进行管理。

借：其他应付款　　　　　　　　　　　　　3 000
　　贷：银行存款　　　　　　　　　　　　　　　　3 000

小思考

包装物与包装材料的区别是什么？

八、存货的清查与期末计价

（一）存货的清查

财产清查是指通过对各项货币资金、实物资产、往来款项进行盘点和核对，借以查明账存数和实存数是否相符的一种专门方法。而存货属于实物资产，通常采用实地盘点法进行清查。

1. 存货清查的意义

造成账实不符的原因是多方面的，如财产物资保管过程中发生的自然损耗；财产收发过程中由于计量或检验不准，造成多收或少收的差错；由于管理不善、制度不严造成的财产损坏、丢失、被盗；在账簿记录过程中发生的重记、漏记、错记；由于有关凭证未到形成的未达账项，造成结算双方账实不符；发生意外灾害等。因此，加强存货清查工作，有利于加强企业管理，对发挥会计监督作用具有重要意义。

（1）确保会计核算资料的真实性、完整性。通过对存货的清查，可以查明各项存货的实际结存数，并与账簿记录核对。如果不相符，通过查明原因及时处理。这样，既能保证会计账簿记录的真实可靠，又能保证会计资料的正确完整。

（2）健全存货管理制度。通过清查，可以查明存货盘盈盘亏的原因，落实经济责任，从而完善管理制度，及时采取措施弥补经营管理中的漏洞，建立健全各项规章制度，提高企业的管理水平。

（3）提高存货的利用效率。通过清查，可以使有关人员掌握各项存货的具体状况和内部构成，及时发现企业存货超储积压、占用不合理、损坏变质的问题以便及时采取措施利用或处理，挖掘财产物资潜力，提高存货的使用效能，加速资金周转。

2. 存货清查的核算

为了核算企业在存货清查中各项存货的盘盈、盘亏和毁损情况，应设置"待处理财产损溢"账户，该项账户借方登记待处理的盘亏、毁损数和批准转销的盘盈数；贷方登记待处理的盘盈数和批准转销的盘亏数，期末处理后该账户应无余额。期末若有借方余额表示尚未处理的各种财产物资的净损失；若有贷方余额表示尚未处理的各种财产物资的净溢余。

（1）存货盘盈的核算。

企业发生存货盘盈时，借记有关的存货账户，贷记"待处理财产损溢"账户；报上级批准后，借记"待处理财产损溢"账户，贷记"管理费用"账户。

【例 2 - 55】星运交通运输公司在财产清查中发现盘盈 A 材料 20 千克，单价为 15 元/千克，盘盈 D 产品 2 件，每件为 100 元。

①发现盘盈。

借：原材料——A 材料　　　　　　　　　　　　　　300

　　库存商品——D 产品　　　　　　　　　　　　　200

　　　贷：待处理财产损溢　　　　　　　　　　　　　　　500

②报批准处理后。

借：待处理财产损溢　　　　　　　　　　　　　　500

　　贷：管理费用　　　　　　　　　　　　　　　　　　500

（2）存货盘亏、毁损的核算。

发生盘亏和毁损的存货，应转入"待处理财产损溢"账户。期末再根据查明的原因，分别按以下情况进行处理。

①属于自然损耗产生的定额内损耗，记入"管理费用"。

②属于自然灾害或意外事故等非常原因造成的毁损，应先扣除残料价值，以及可以收回的保险赔偿和过失人的赔偿，然后将净损失计入营业外支出。

③属于计量、收发差错和管理不善等原因造成的短缺或毁损，应先扣除残料价值，以及可以收回的保险赔偿和过失人的赔偿，然后将净损失计入"管理费用"。

【例2-56】星运交通运输公司年末进行存货清查时，发现甲材料盘亏2 000元，A产品盘亏1 200元。经查，盘亏的甲材料其中1 200元属于自然灾害，另外800元属于管理不善造成的。盘亏的A产品属于由保管员失职造成。

发现盘亏：

借：待处理财产损溢　　　　　　　　　　　　　　3 200

　　贷：原材料——甲材料　　　　　　　　　　　　　2 000

　　　　库存商品——A产品　　　　　　　　　　　　1 200

查明原因，经批准后：

借：营业外支出　　　　　　　　　　　　　　　　1 200

　　管理费用　　　　　　　　　　　　　　　　　　800

　　其他应收款　　　　　　　　　　　　　　　　1 200

　　贷：待处理财产损溢　　　　　　　　　　　　　　3 200

（二）存货的期末计价

1. 存货的期末计价方法

资产负债表中，存货应当按照成本与可变现净值孰低计量。成本与可变现净值孰低中的成本是指期末存货的实际成本；可变现净值是指在日常活动中，存货的估计售价减去至完工时估计将要发生的成本、估计的销售费用以及相关税费后的金额。存货成本高于可变现净值的，应当计提存货跌价准备，计入当期损益。以前减记存货价值的影响因素已经消失的，减记的金额应当予以恢复，并在原已计提的存货跌价准备金额内转回，转回的金额计入损益。

2. 存货跌价准备的核算

为了正确核算存货跌价的情况，应当设置"存货跌价准备"账户。该账户贷方登记计提的存货跌价准备金额，借方登记实际发生的存货跌价损失金额和冲减的存货跌价准备金额；期末余额一般在贷方，表示企业已计提但尚未转销的存货跌价准备。

期末，当存货成本高于其可变现净值时，应按两者的差额，借记"资产减值损失"账户，贷记"存货跌价准备"账户。以后存货市价恢复的，应按恢复增加的金额，借记"存货跌价准备"账户，贷记"资产减值损失"账户。企业结转存货销售成本时，对于已计提存货跌价准备的，借记"存货跌价准备"账户，贷记"主营业务成本"等账户。

【例 2 - 57】星运交通运输公司期末 A 材料的账面金额为 620 000 元，由于当前市场价格下跌，预计可变现净值为 600 000 元。

借：资产减值损失——计提存货跌价准备   20 000

    贷：存货跌价准备   20 000

【例 2 - 58】接［例 2 - 57］假设一年后，星运交通运输公司 A 材料的市场价格有所回升，其可变现净值为 615 000 元。

借：存货跌价准备 15 000

    贷：资产减值损失——计提存货跌价准备 15 000

知识结构图

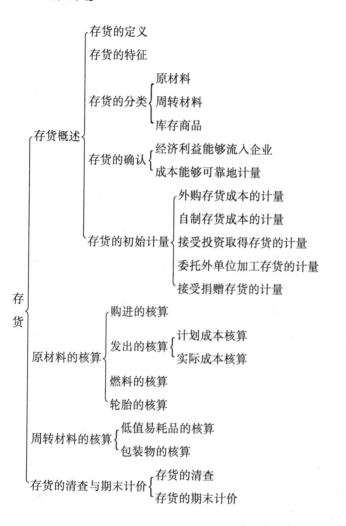

2.4 短期投资与长期投资的核算

案例导入

华联公司 2015 年 1 月以库存商品一批、专利权一项、设备一台对红光公司投资，华联公司持股 10 万股，所占比例为 10%。上述资产的有关资料如下：

库存商品账面价值为 20 万元，计税价格为 30 万元，增值税税率为 17%，消费税税率为 10%；专利权账面价值为 10 万元，已提减值准备为 1 万元，计税价格为 12 万元，营业税税率为 5%；设备的账面价值为 20 万元，已提折旧 2 万元，已计提减值准备 1 万元。华联公司采用成本法核算，其应进行怎样的会计处理？

对于上述经济业务的会计处理，通过本项目的学习，我们将会熟练掌握。

一、投资概述

（一）投资的含义与特征

我国《企业会计准则——投资》将投资定义为："企业为通过分配来增加财富，或为谋求其他利益，则将资产让渡给其他单位所获得的另一项资产"。广义的投资包括对内投资和对外投资；狭义的投资专指对外投资。本书此部分所讲内容属于狭义投资。

投资具有如下特征：

（1）投资是以让渡某项资产而换取另一项资产，如企业用货币资金购买各种股票、债券、基金以及用各类持有的资产（固定资产、存货、无形资产等）投资于其他单位而获得股权等。

（2）投资能给企业带来经济利益，但与其他资产为企业带来的经济利益存在形式上的不同。企业拥有和控制的资产（指除投资以外），通常能给企业带来直接的经济利益，而投资是将资产先让渡给其他单位，通过其他单位创造效益后，以分配的方式取得的经济利益。

（二）投资的分类

投资可按不同的标准进行分类，具体有以下几种。

1. 按投资期限的长短可分为短期投资和长期投资

（1）短期投资是指能够随时变现并且持有时间不准备超过一年的投资。这种投资在很大程度上是为了暂时存放剩余资金，并通过各种投资获得高于同期银行存款利息的收入，属于短期投资的交易性金融资产。

（2）长期投资是指投资期限超过一年的各种股权性和债权性投资。属于长期资产的有持有至到期投资、可供出售金融资产、长期股权投资和投资性房地产等。

2. 按投资的性质可以分为权益性投资、债权性投资和混合性投资

（1）权益性投资是指企业为了获得另一企业的权益或净资产而进行的投资，这种投资的目的通常是为了获得另一企业的控制权或对另一企业实施重大的影响。

（2）债权性投资是指为了取得债权而进行的投资。这种投资的目的通常是为了获得高于银行存款的利息，并保证按期收回本息。

（3）混合性投资是指既有权益性投资性质又有债权性投资性质的投资，如企业购买的可转换公司债券等。

3. 按投资对象不同，可分为对内投资和对外投资

对内投资是为了增强企业自身的实力而投入企业生产经营的固定资产、原材料等。对外投资是指将资金投资于其他企业或证券市场。

4. 按投资与企业生产经营的关系，可分为直接投资和间接投资

直接投资是指将资产投资于企业生产经营（包括投资于企业本身生

产经营和投资于其他企业生产经营）；间接投资是指将资金直接投资于证券等金融资产。

二、短期投资的核算

（一）交易性金融资产的定义和划分

交易性金融资产是指企业持有的以公允价值计量且其变动计入当期损益的金融资产。它包括以交易为目的所持有的债券投资、股票投资、权证投资等和直接指定为以公允价值计量且其变动计入当期损益的金融资产。

根据金融工具确认与计量会计准则的规定，金融资产或金融负债满足下列条件之一的，应划分为交易性金融资产或金融负债。

（1）取得该金融资产或承担该金融负债的目的，主要是为了近期内出售或回购，如企业为了赚差价收益从二级证券市场上买入的股票、债券等。

（2）属于进行集中管理的可辨认金融工具组合的一部分，且有客观证据表明企业近期采用短期获利方式对该组合进行管理。在这种情况下，即使组合中有某个组成项目持有的期限稍长也不受影响。

（3）属于衍生工具。但是，被指定且为有效套期工具的衍生工具、属于财务担保合同的衍生工具、与在活跃市场中没有报价且其公允价值不能可靠计量的权益工具投资挂钩并须通过交付该权益工具结算的衍生工具除外。

除了可以将可转换公司债券等混合工具指定为以公允价值计量且其变动计入当期损益的金融资产或金融负债外，只有符合下列条件之一的金融资产或金融负债才可以在初始确认时指定为以公允价值计量且其变动计入当期损益的金融资产或金融负债。

（1）该指定可以消除或明显减少由于该金融资产或金融负债的计量基础不同所导致的相关利得或损失在确认或计量方面不一致的情况。

（2）企业风险管理或投资策略的正式书面文件已载明，该金融资产组合、该金融负债组合、该金融资产和金融负债组合，以公允价值为基础进行管理、评价并向关键管理人员报告。

在活跃市场中没有报价、公允价值不能可靠计量的权益工具投资，不得指定为以公允价值计量且其变动计入当期损益的金融资产。活跃市场一般指具有以下特征的市场：①市场交易的对象具有同质性。②可随时找到自愿交易的买方和卖方。③市场价格信息是公开的。

（二）交易性金融资产的核算

交易性金融资产的核算一般包括交易性金融资产取得的核算、交易性金融资产持有期取得股利和利息的核算、交易性金融资产期末计量和交易性金融资产出售的核算。为了反映和监督交易性金融资产的变动及其结果，应当设置"交易性金融资产"账户。该账户属于资产类账户，借方登记购入的股票、债券、基金等金融资产的成本，贷方登记已出售交易性金融资产的转出成本，借方期末反映企业交易性金融资产的公允价值。

1. 交易性金融资产取得的核算

企业取得交易性金融资产时，应当按照取得时的公允价值作为其初始计量成本，借记"交易性金融资产——成本"账户。取得交易性金融资产的相关交易费用在发生时直接计入当期损益，借记"投资收益"账户。如果企业取得的交易性金融资产中，包含了已宣告发放的现金股利和债券利息，应当单独作为应收项目处理，分别计入"应收股利""应收利息"账户。按实际支付的金额，贷记"银行存款"等账户。

【例2-59】2015年4月16日，星运交通运输公司从二级证券市场购入B公司股票200 000股，每股6元，另按交易金额的3‰支付佣金和按1‰缴纳印花税，款项以银行存款支付，星运交通运输公司将购入的股票作为交易性金融资产。

借：交易性金融资产——成本   1 200 000
  投资收益   4 800
 贷：银行存款   1 204 800

【例2-60】2015年5月10日，星运交通运输公司从二级证券市场购入甲公司股票100 000股，共支付价款920 000元，其中包括证券交易的税费3 400元，已宣告发放的现金股利26 000元，款项以银行存款支付。星运交通运输公司将购入的股票作为交易性金融资产，2015年5月20日收到甲公司发放的现金股利。

2015年5月10日购入股票。

借：交易性金融资产——成本　　　　　　　　890 600

　　投资收益　　　　　　　　　　　　　　　　3 400

　　应收股利　　　　　　　　　　　　　　　　26 000

　　　贷：银行存款　　　　　　　　　　　　　　　　　920 000

2015年5月20日收到现金股利。

借：银行存款　　　　　　　　　　　　　　　26 000

　　　贷：应收股利　　　　　　　　　　　　　　　　　26 000

2. 交易性金融资产持有期取得股利和利息的核算

企业持有交易性金融资产期间被投资单位宣告分派现金股利和在资产负债表日按债券票面利率计算利息时，分别借记"应收股利"和"应收利息"账户，同时，贷记"投资收益"账户。实际收到现金股利和债券利息时，借记"银行存款"账户，贷记"应收股利"和"应收利息"账户。

【例2-61】6月20日，昌隆公司为交易目的持有的H公司上月20日发行的债券200张，每张面值为1 000元，票面年利率为8%。该债券为分期付息、到期一次还本的债券。

6月20日，计提本月应收利息。

借：应收利息　　　　　　　　　　　　　　　1 333.33

　　　贷：投资收益　　　　　　　　　　　　　　　　　1 333.33

6月30日，收到债券利息。

借：银行存款　　　　　　　　　　　　　　　1 333.33

　　　贷：应收利息　　　　　　　　　　　　　　　　　1 333.33

3. 交易性金融资产期末计量

交易性金融资产的期末计量是指期末交易性金融资产在资产负债表上反映的价值。由于交易市场的价格不断发生变化，这使得与交易性金融资产取得时的公允价值产生差异。在资产负债表日，交易性金融资产的公允价值高于其账面余额的差额，借记："交易性金融资产——公允价值变动"账户，贷记"公允价值变动损益"账户；公允价值低于其账面余额的差额，作相反分录。"公允价值变动损益"账户为损益类账户，年末应将其余额结转至"本年利润"账户。

【例2-62】2015年5月18日，大发公司以交易为目的从二级证券市场购得G公司股票340 000股，每股价值为10元，另按交易金额的3‰支付佣金和按1‰缴纳印花税，款项以银行存款支付。2015年8月31日，G公司宣告分派现金股利，每股派发0.6元。2015年9月12日，收到G公司派发的现金股利。2015年10月31日，该股票的公允价值为3 560 000元。2015年11月30日，该股票的公允价值为3 380 000元。

2015年5月18日购入股票。

借：交易性金融资产——成本　　　　　　　　3 400 000

　　投资收益　　　　　　　　　　　　　　　　13 600

　　贷：银行存款　　　　　　　　　　　　　　　　3 413 600

2015年8月31日，G公司宣告分派现金股利。

借：应收股利　　　　　　　　　　　　　　　204 000

　　贷：投资收益　　　　　　　　　　　　　　　　204 000

2015年9月12日，收到G公司派发的现金股利。

借：银行存款　　　　　　　　　　　　　　　204 000

　　贷：应收股利　　　　　　　　　　　　　　　　204 000

2015年10月31日，确认股票的公允价值变动160 000元（3 560 000 - 3 400 000）。

借：交易性金融资产——公允价值变动　　　　160 000

　　　贷：公允价值变动损益　　　　　　　　　　　　　160 000

2015 年 11 月 30 日，确认股票的公允价值变动为 − 180 000 元（3 380 000 − 3 560 000）。

借：公允价值变动损益　　　　　　　　　180 000

　　　贷：交易性金融资产——公允价值变动　　　　　180 000

4. 交易性金融资产出售的核算

企业出售交易性金融资产时，应按实际收到的金额，借记"银行存款"账户；按该金融资产的账面余额，贷记"交易性金融资产——成本""交易性金融资产——公允价值变动"账户；按其差额，贷记或借记"投资收益"账户。同时，将原计入该金融资产的公允价值变动转出，借记或贷记"公允价值变动损益"账户，贷记或借记"投资收益"账户。

【例 2 − 63】接［例 2 − 62］大发公司 2015 年 12 月 31 日，将 G 公司股票全部出售，售价为 3 482 000 元。

借：银行存款　　　　　　　　　　　　3 482 000

　　　贷：交易性金融资产——公允价值变动　　　　　20 000

　　　　　　　　　——成本　　　　　　　　　　3 400 000

　　　　投资收益　　　　　　　　　　　　　　　　62 000

同时，借：投资收益　　　　　　　　　20 000

　　　　　贷：公允价值变动损益　　　　　　　　　　20 000

小活动

登录一款证券交易软件，找一找我国证券市场上各种交易性金融资产的交易方式和条件。

三、长期投资核算

长期投资是指不准备在一年以内变现的各种投资，包括持有至到期投资、可供出售金融资产、长期股权投资和投资性房地产。长期投资除了获得投资收益外，更重要的目的有两个：一是为了与被投资单位建立与保持一定的业务关系，控制或影响与本企业经营有关的其他企业的业务，以配合本企业的经营；二是企业为大规模更新生产经营设施或将来扩展生产经营规模而积累资金。长期投资与短期投资相比具有投资规模大、投资回收期长、投资收益大、风险大的特点，因而两者的目的也不相同。

（一）持有至到期投资的核算

持有至到期投资是指到期日固定、回收金额固定或可确定，且企业有明确意图和能力持有至到期的非衍生性金融资产。企业应当设置"持有至到期投资"账户，核算持有至到期投资的摊余成本，并按照持有至到期投资的类别和品种，分别设置"成本""利息调整""应计利息"等明细科目进行核算。其中，"成本"明细科目反映持有至到期投资的面值；"利息调整"明细科目反映持有至到期投资的初始确认金额与其面值的差额，以及按照实际利率法分期摊销后该差额的摊余金额；"应计利息"明细科目反映企业计提的到期一次还本付息持有至到期投资应计未付的利息。

1. 持有至到期投资取得的核算

企业取得持有至到期投资时，应按取得时的公允价值和与之相关的交易费用之和作为初始确认金额。如果实际支付的价款中包含已到付息期尚未领取的债券利息，应单独确认为应收项目，不能构成持有至到期投资的初始确认金额。

企业取得的持有至到期投资，应按该投资的面值借记"持有至到期投资——成本"账户；按支付的价款包含的已到付息期但尚未领取的利息，借记"应收利息"账户；按实际支付的金额，贷记"银行存款"账户；按其差额，借记或贷记"持有至到期投资——利息调整"账户。待实际收到支付的价款中包含的已到付息期但尚未领取的利息时，借记

"银行存款"账户，贷记"应收利息"账户。

2. 资产负债表日持有至到期投资利息的计算和调整

（1）资产负债表日，持有至到期投资为分期付息、一次还本债券投资的，应按票面利率计算确定的应收未收利息，借记"应收利息"账户；按持有至到期投资摊余成本和实际利率计算确定的利息收入，贷记"投资收益"账户；按其差额，借记或贷记"持有至到期投资——利息调整"账户。

（2）持有至到期投资为一次还本付息债券投资的，应于资产负债表日按票面利率计算确定的应收未收利息，借记"持有至到期投资——应计利息"账户；按持有至到期投资摊余成本和实际利率计算确定的利息收入，贷记"投资收益"账户；按其差额，借记或贷记"持有至到期投资——利息调整"账户。

3. 持有至到期投资重分类为可供出售金融资产的核算

将持有至到期投资重分类为可供出售金融资产的，应在重分类日按其公允价值，借记"可供出售金融资产"账户；按其账面余额，贷记"持有至到期投资——成本、利息调整、应计利息"账户；按其差额，贷记或借记"资本公积——其他资本公积"账户。已计提减值准备的，还应同时结转减值准备。

4. 持有至到期投资出售的核算

出售持有至到期投资，应按实际收到的金额，借记"银行存款"账户；按其账面余额，贷记"持有至到期投资——成本、利息调整、应计利息"等账户；按其差额，贷记或借记"投资收益"账户。已计提减值准备的还应同时结转减值准备。

【例2-64】星运交通运输公司于2011年1月1日，支付价款1 000万元（包括交易费用20万元），从证券市场购入D公司5年期债券，面值为1 250万元，票面年利率为4.72%，按年支付利息（即每年支付利息59万元），本金到期后一次支付。星运交通运输公司在购买该债券时预计发行方不会提前赎回。不考虑所得税、减值损失等因素。

计算实际利率 R：

$59 \times (1+R)^{-1} + 59 \times (1+R)^{-2} + 59 \times (1+R)^{-3} + 59 \times (1+R)^{-4} + (59+1\,250) \times (1+R)^{-5} = 1\,000$ （万元）

采用插值法，由此得到 $R = 10\%$ （表 2 - 8）。

表 2 - 8　计算表

单位：万元

日　期	期初摊余成本 （A）	实际利息（B） （按 10% 计算）	现金注入 （C）	摊余成本余额 （D = A + B - C）
2011 年 1 月 1 日				1 000
2011 年 12 月 31 日	1 000	100	59	1 041
2012 年 12 月 31 日	1 041	104	59	1 086
2013 年 12 月 31 日	1 086	109	59	1 136
2014 年 12 月 31 日	1 136	114	59	1 191
2015 年 12 月 31 日	1 191	119	1 310	0

以上表格中"实际利息（B）"一栏采用四舍五入保留整数来计算。

根据上述数据，星运交通运输公司有关账务处理如下（单位：万元）：

（1）2011 年 1 月 1 日，购入债券。

借：持有至到期投资——成本　　　　　　　　　　　1 250

　　贷：银行存款　　　　　　　　　　　　　　　　　　1 000

　　　　持有至到期投资——利息调整　　　　　　　　　　250

（2）2011 年 12 月 31 日，确认实际利息，收到利息收入。

借：应收利息　　　　　　　　　　　　　　　　　　59

　　持有至到期投资——利息调整　　　　　　　　　　41

　　贷：投资收益　　　　　　　　　　　　　　　　　　100

借：银行存款   59

    贷：应收利息   59

（3）2012 年 12 月 31 日，确认实际利息，收到利息收入。

借：应收利息   59

持有至到期投资——利息调整   45

    贷：投资收益   104

借：银行存款   59

    贷：应收利息   59

（4）2013 年 12 月 31 日，确认实际利息，收到利息收入。

借：应收利息   59

持有至到期投资——利息调整   50

    贷：投资收益   109

借：银行存款   59

    贷：应收利息   59

（5）2014 年 12 月 31 日，确认实际利息，收到利息收入。

借：应收利息   59

持有至到期投资——利息调整   55

    贷：投资收益   114

借：银行存款   59

    贷：应收利息   59

（6）2015 年 12 月 31 日，确认实际利息，收到利息收入和票面本金。

借：应收利息   59

持有至到期投资——利息调整   60

    贷：投资收益   119

借：银行存款   59

    贷：应收利息   59

借：银行存款　　　　　　　　　　　　　　　　　　　　1 250

　　贷：持有至到期投资——成本　　　　　　　　　　　1 250

【例2-65】接［例2-64］假设星运交通运输公司购入的债券是一次还本付息债券，其他条件不变。

计算实际利率R：

$(59 + 59 + 59 + 59 + 59 + 1\ 250) \times (1 + R)^{-5} = 1\ 000$（万元）

经计算 R = 9.05%（表2-9）。

表2-9　计算表

单位：万元

日　　期	期初摊余成本（A）	实际利息（B）（按9.05%计算）	现金注入（C）	摊余成本余额（D = A + B - C）
2011年1月1日				1 000
2011年12月31日	1 000	90.5	0	1 090.5
2012年12月31日	1 090.5	98.69	0	1 189.19
2013年12月31日	1 189.19	107.62	0	1 296.81
2014年12月31日	1 296.81	117.36	0	1 414.17
2015年12月31日	1 414.17	130.83	1 545	0

根据上述数据，星运交通运输公司的会计处理如下（单位：万元）。

（1）2011年1月1日，购入债券。

借：持有至到期投资——成本　　　　　　　　　　　　1 250

　　贷：银行存款　　　　　　　　　　　　　　　　　1 000

　　　　持有至到期投资——利息调整　　　　　　　　　250

（2）2011年12月31日，确认实际利息收入。

借：持有至到期投资——应计利息　　　　　　　　　　　59

　　　　　　　　　　——利息调整　　　　　　　　　31.5

　　贷：投资收益　　　　　　　　　　　　　　　　　90.5

（3）2012 年 12 月 31 日，确认实际利息收入。

　　　借：持有至到期投资——应计利息　　　　　　　　59

　　　　　　　　　　　　——利息调整　　　　　　　　39.69

　　　　　贷：投资收益　　　　　　　　　　　　　　　　98.69

（4）2013 年 12 月 31 日，确认实际利息收入。

　　　借：持有至到期投资——应计利息　　　　　　　　59

　　　　　　　　　　　　——利息调整　　　　　　　　48.62

　　　　　贷：投资收益　　　　　　　　　　　　　　　107.62

（5）2014 年 12 月 31 日，确认实际利息收入。

　　　借：持有至到期投资——应计利息　　　　　　　　59

　　　　　　　　　　　　——利息调整　　　　　　　　58.36

　　　　　贷：投资收益　　　　　　　　　　　　　　　117.36

（6）2015 年 12 月 31 日，确认实际利息，收到利息收入和票面本金。

　　　借：持有至到期投资——应计利息　　　　　　　　59

　　　　　　　　　　　　——利息调整　　　　　　　　71.83

　　　　　贷：投资收益　　　　　　　　　　　　　　　130.83

　　　借：银行存款　　　　　　　　　　　　　　　1 545

　　　　　贷：持有至到期投资——成本　　　　　　　　1 250

　　　　　　　　　　　　——应计利息　　　　　　　　295

（二）长期股权投资的核算

　　长期股权投资是指投资企业通过购买股票或签订协议等方式取得被投资企业股权，成为被投资单位的股东，按所持股份比例享有权益、承担责任并准备长期持有的权益性投资。

　　长期股权投资的取得方式主要有：在证券市场上以货币资金购买其他单位的股票，成为被投资单位的股东；以资产（包括货币资金、无形资产，其他实物资产）投资于其他单位，从而成为被投资单位的股东。

　　长期股权投资的核算方法有两种：成本法和权益法。成本法是指投资企业实际投出的金额作为按成本计价的方法，即无论被投资单位的经营情况如何，净资产是否增减，投资收益多少，作为投资方的企业均不改变股票投资的账面价值，仍以实际成本反映企业的投资。权益法是指投资以初始投资成本计量后，在投资持有期间根据投资企业享有被投资单位所有者权益份额变动对投资的账面价值进行调整的方法。

1. 用成本法核算长期股权投资

（1）成本法的适用范围。

①投资企业能够对被投资单位实施控制的长期股权投资，即对子公司投资。

②投资企业对被投资单位不具有共同控制或重大影响，并且在活跃市场中没有报价、公允价值不能可靠计量的长期股权投资。

（2）长期股权投资采用成本法核算的程序。

①初始投资成本或追加投资时，应按照初始投资时的投资成本增加长期股权投资的账面价值。

②被投资单位宣告分派现金股利或利润时，投资企业应按享有的部分，确认当期投资收益，但投资企业确认的投资收益，仅限于所获得的被投资单位在接受投资后产生的累积净利润的分配额。所获得的被投资单位宣告分派的利润或现金股利超过被投资单位在接受投资后产生的累积净利润的部分，作为冲减投资的账面价值。通常投资企业获得投资年度的利润或现金股利，确认收益或冲减投资成本的金额。其计算公式如下：

投资企业投资年度应享有的投资收益 = 投资当年被投资单位实现的净利润 × 投资企业持股比例 × （当年投资持有月份 ÷ 全年月份）

应冲减初始投资成本的金额 = 投资企业分得的现金股利或利润 − 投资企业投资年度应享有的收益

【例 2 − 66】星运交通运输公司 2014 年 4 月 30 日从证券市场购入大发公司的股票 100 万股，每股 6 元，占公司表决权股份的 10%，并准备长期持有。4月30日企业签发转账支票6 024 000元，支付100万股票的价款，并按交易金额的3‰支付佣金和按1‰缴纳印花税。年末该公司实现利润300万元。2015年3月5日，大发公司宣告将于3月15日发放上年度现金股利，每股派发0.21元。

①4月3日，购买股票。

借：长期股权投资——成本　　　　　　　　　6 024 000

　　贷：银行存款　　　　　　　　　　　　　　　　6 024 000

②2014年年底，大发公司实现300万元利润时，不作账务处理。

③2015年3月5日，大发公司宣告发放股利。

投资企业投资年度应享有的投资收益 = 3 000 000 × 10% × [(12 − 4) ÷ 12] = 200 000（元）

应冲减初始投资成本的金额 = 1 000 000 × 0.21 − 200 000 = 10 000（元）

借：应收股利　　　　　　　　　　　　　　　210 000

　　贷：投资收益　　　　　　　　　　　　　　　　200 000

　　　　长期股权投资——成本　　　　　　　　　　 10 000

④2015年3月15日，收到现金股利。

借：银行存款　　　　　　　　　　　　　　　210 000

　　贷：应收股利　　　　　　　　　　　　　　　　210 000

2. 用权益法核算长期股权投资

（1）权益法核算的范围。

当投资企业对被投资企业具有共同控制或重大影响时（即对合营企业和联营企业的投资），长期股权投资应用权益法核算。

（2）长期股权投资核算的程序

①初始投资成本或追加投资时，按照初始或追加投资时的投资成本增加长期股权投资的账面价值。

②计算初始投资成本在享有被投资单位可辨认净资产公允价值的份额。如果初始投资成本大于投资时应享有被投资单位可辨认净资产公允价值的

份额的，不调整长期股权投资的初始投资成本；如果初始投资成本小于投资时应享有被投资单位可辨认净资产公允价值的份额的，其差额应贷记"营业外收入"账户，同时借记"长期股权投资——投资成本"账户。

③被投资单位实现净利润或发生净亏损时，投资企业应按照享有或应分担的被投资单位实现净损益的份额，确认投资损益，贷记或借记"投资收益"账户，借记或贷记"长期股权投资——损益调整"账户，调整长期股权投资的账面价值。

④被投资单位宣告分派现金股利或利润时，投资企业应按其应分得的现金股利或利润，相应减少长期股权投资的账面价值。即：借记"应收股利"账户，贷记"长期股权投资——损益调整"账户。

⑤被投资单位除净损益外所有者权益的其他变动。投资企业应当调整长期股权投资的账面价值并计入所有者权益，即借记"长期股权投资——其他权益变动"账户，贷记"资本公积——其他资本公积"账户。

小思考

长期股权投资权益法与成本法核算的区别是什么？

【例2-67】2015年10月10日，星运交通运输公司购入新华公司发行的股票2 000万股，实际支付价款3 400万元（包括交易税费），占新华公司普通股股份的25%，能够对新华公司施加重大影响，并采用权益法核算。投资当日新华公司可辨认净资产的公允价值为13 000万元。

星运交通运输公司应享有新华公司可辨认净资产公允价值份额 = 13 000×25% = 3 250（万元），由于长期股权投资的初始投资成本大于投资时应享有新华公司可辨认净资产公允价值的份额，因此不调整长期股权投资的初始投资成本。

借：长期股权投资——投资成本   3 400

    贷：银行存款   3 400

【例2-68】2015年1月20日，星运交通运输公司购入华能公司发行的股票1 400万股，实际支付价款2 600万元（包括交易税费），占华能公司普通股股份的30%，并派人参与了华能公司的生产经营决策，能够对华能公司施加重大影响，并采用权益法核算。投资当日华能公司可辨认净资产的公允价值为9 300万元。

星运交通运输公司应享有华能公司可辨认净资产公允价值份额＝9 300×30%＝2 790（万元）

由于长期股权投资的初始投资成本小于投资时应享有华能公司可辨认净资产公允价值份额，因此应按差额调整长期股权投资的初始投资成本，并记入"营业外收入"账户。

借：长期股权投资——投资成本　　　　　　　　2 790

　　贷：银行存款　　　　　　　　　　　　　　　　2 600

　　　　营业外收入　　　　　　　　　　　　　　　　190

【例2-69】2014年1月5日，星运交通运输公司购入国贸公司发行的股票400万股，实际每股8元，购买股票发生的交易税费为128 000元，占国贸公司普通股股份的30%，款项通过银行转账支付，能够对国贸公司施加重大影响。投资当日国贸公司可辨认净资产的公允价值为10 000万元。2014年国贸公司实现净利润800万元，2015年4月20日，国贸公司宣告发放股利，每股发放0.5元。2015年5月26日，收到国贸公司派发的现金股利。2015年9月4日，国贸公司可供出售金融资产的公允价值增加了200万元。2016年5月10日将该股票全部出售，每股售价10元。

① 2014年1月5日，购买股票。

星运交通运输公司应享有国贸公司可辨认净资产公允价值份额＝10 000×30%＝3 000（万元）

初始投资成本＝400×8＋12.8＝3 212.8（万元）

由于长期股权投资的初始投资成本大于投资时应享有国贸公司可

辨认净资产公允价值份额，因此不调整长期股权投资的初始投资成本。

借：长期股权投资——投资成本   3 212.8

  贷：银行存款   3 212.8

② 2014 年国贸公司实现净利润 800 万元。

星运交通运输公司应享有的收益 = 800 × 30% = 240（万元）

借：长期股权投资——损益调整   240

  贷：投资收益   240

③ 2015 年 4 月 20 日，国贸公司宣告发放股利。

星运交通运输公司应分得的股利 = 400 × 0.5 = 200（万元）

借：应收股利   200

  贷：长期股权投资——损益调整   200

④ 2015 年 5 月 26 日，收到国贸公司派发的现金股利。

借：银行存款   200

  贷：应收股利   200

⑤ 2015 年 9 月 4 日，国贸公司可供出售金融资产的公允价值增加 200 万元。

星运交通运输公司应享有国贸公司公允价值份额 = 200 × 30% = 60（万元）

借：长期股权投资——其他权益变动   60

  贷：资本公积——其他资本公积   60

⑥ 2016 年 5 月 10 日出售该股票。

股票的出售收入 = 400 × 10 = 4 000（万元）

借：银行存款   4 000

  贷：长期股权投资——投资成本   3 212.8

        ——损益调整   40

    投资收益   747.2

同时，借：资本公积——其他资本公积　　　　　　　60

　　　　贷：投资收益　　　　　　　　　　　　　　　　60

知识结构图

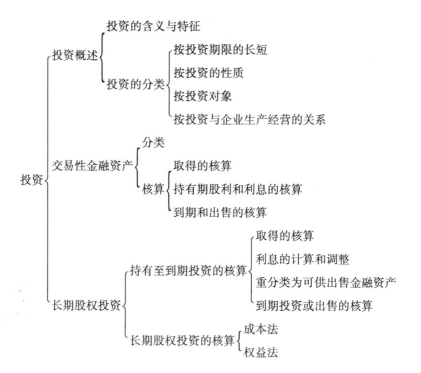

2.5 固定资产的核算

案例导入

大华公司 2015 年度做财务报表的固定资产项目时，发现2015 年度公司对综合办公楼进行了较大的改建，并于 2015 年 7 月投入使用，改建总支出为 400 万元。在改建过程中实现变价收入 50 万元，改建后预计可使用年限为 15 年。截至 7 月 31 日，原办公楼的原值为 800 万元，累计折旧为 400 万元，已使用年限为 20 年，剩余使用年限为 20 年。大华公司对于改建后的办公楼仍采用 40 年计提折旧。改扩建后每年应提多少折旧呢？

对于上述经济业务的会计处理，通过本项目的学习，我们将会熟练掌握。

一、固定资产概述

（一）固定资产的定义和特征

《企业会计准则第 4 号——固定资产》给固定资产下了明确的定义：固定资产指同时具有下列特征的有形资产：为生产商品、提供劳务、出租或经营管理而持有的；使用寿命超过一个会计年度。固定资产在一个企业的资产中所占比例很大，固定资产的多少可以反映企业规模的大小。因而，固定资产有如下特征。

1. 固定资产是有形资产

该特征将固定资产与无形资产区别开来，并且在使用过程中始终保持实物形态。

2. 使用寿命超过一个会计年度

该特征将固定资产与流动资产区别开来，使用寿命超过一年，意味着固定资产属于长期资产。固定资产的使用寿命是指企业使用固定资产的预计期间或者该固定资产所能生产产品或提供劳务的数量。

3. 持有固定资产的目的不是用来出售和投资

该特征将固定资产与存货、投资性房地产区别开来。企业持有固定资产的目的是用于生产商品、提供劳务、出租或经营管理。

（二）固定资产的确认

一项资产要确认为固定资产，除了必须满足固定资产的定义外，还要符合如下条件。

1. 与该固定资产有关的经济利益很可能流入企业

主要通过判断与固定资产所有权相关的风险和报酬是否转到了企业来确定。

2. 该固定资产的成本能够可靠地计量

固定资产作为企业资产的重要组成部分，其取得成本必须能够可靠地计量。即使满足其他条件，也不能确认为固定资产。

（三）固定资产的分类

为了便于对固定资产的实物管理和价值的核算，需要对固定资产进行科学、合理的分类。一般可按如下标准分类。

1. 按经济用途分类

固定资产按经济用途分类，可以分为生产经营用固定资产和非生产经营用固定资产。

（1）生产经营用固定资产是指直接服务于企业生产经营过程的各种固定资产，如直接用于企业生产的房屋、机器设备、交通工具、器具等。

（2）非生产经营用固定资产是指不直接服务于企业生产经营过程的各种固定资产，如职工用的宿舍、食堂、澡堂、文化娱乐场所、卫生保健设施等。

2. 按使用情况分类

固定资产按使用情况分类，可分为使用中的固定资产、未使用的固定资产和不需用的固定资产。

（1）使用中的固定资产是指正常使用中的生产性固定资产和非生产性固定资产。由于季节性经营或大修理原因而暂时停用的固定资产、企业以经营方式出租的固定资产均应属于使用中的固定资产。

（2）未使用的固定资产是指已经完工或已达到可使用状态而没有投资使用的固定资产以及因进行改建、扩建而停用的固定资产。

（3）不需用的固定资产是指企业多余或不再使用、待处置的固定资产。

3. 按固定资产的所有权分类

按固定资产的所有权分类，可分为自有固定资产和租入固定资产。

（1）自有固定资产是指企业拥有的可供企业支配和使用的固定资产。

（2）租入固定资产是指企业采用租赁方式从其他企业租入的固定资产。

4. 按固定资产的经济用途和使用情况综合分类

按固定资产的经济用途和使用情况综合分类，可以分为以下七类：

（1）生产经营用固定资产。

（2）非生产经营用固定资产。

（3）未使用固定资产。

（4）不需用固定资产。

（5）土地，是指企业过去已估价并单独入账的土地。

（6）租出固定资产，是指企业以经营租赁方式出租给外单位使用的固定资产。

（7）融资租入固定资产，是指企业以融资租赁方式租入的固定资产，企业应视同自有固定资产进行管理。

（四）固定资产的计价

1. 原始价值

原始价值又称历史成本，简称原值、原价，是指企业购建固定资产达到可使用状态前所发生的一切合理、必要的支出，包括买价、进口关税、运输费、场地整理费、装卸费、安装费、专业人员服务费等。原始价值是固定资产的基本计价标准，可以用来衡量企业的规模。

2. 重置价值

重置价值是指在现有的生产技术和市场条件下，重新购置同样的固定资产所需支付的全部代价。重置价值反映的是固定资产的现时价值，一般用于盘盈固定资产、接受捐赠固定资产的计价。

3. 折余价值

折余价值是指固定资产的原始价值减去累计折旧后的价值，用来反映固定资产的新旧程度。折余价值是用来计算固定资产盘盈、盘亏、出售、报废、毁损的依据。

二、固定资产取得的核算

（一）固定资产的价值构成

固定资产的价值构成是指固定资产的价值所包括的范围。由于固定资产的来源渠道不同，其价值构成的内容也不相同。

（1）购入的固定资产，以实际支付的价款及相关费用作为固定资产的入账价值，包括买价、运杂费、税金、安装费和专业人员服务费等。

（2）自行建造的固定的资产，以建造该项固定资产达到预定可使用状态前所发生的全部支出作为其入账价值。

（3）投资者投入的固定资产，以投资协议确认的价值或双方协商价值作为入账价值。

（4）盘盈的固定资产，按同类或类似固定资产的市场价格，减去该固定资产的新旧程度估计的价值后的余额作为入账价值。

（5）改建、扩建的固定资产，以原固定资产的账面价值，减去改建、扩建过程中发生的变价收入，加上增加的支出作为入账价值。

（6）融资租入的固定资产，以租赁开始时租赁资产原账面价值与最低租赁付款额的现值两者中较低者作为入账价值。

（7）接受债务人以非现金资产抵偿债务方式取得的固定资产或以应收债权换入的固定资产，按应收债权的账面价值加上应支付的相关税费作为入账价值。

（8）经批准无偿调入的固定资产，按调出单位固定资产的账面价值加上发生的运输费、安装费等相关费用作为入账价值。

（9）接受捐赠的固定资产，若捐赠方提供了发票账单的，按发票账单上的价值加上应支付的相关税费作为入账价值；若捐赠方没有提供发票账单，存在同类资产活跃市场的，按同类市场价减去该资产的新旧程度估计的价值后的余额作为入账价值；若既没有捐赠方提供发票账单，又不存在同类资产活跃市场的，按该项固定资产预计未来现金流量现值作为入账价值。

（10）以非货币性交易换入的固定资产，按换出资产的账面价值加上应支付的相关税费作为入账价值；收到补价的，按换出资产的账面价值加上应确认的收益和应支付的相关税费减去补价后的余额，作为入账价值；支付补价的，按换出资产的账面价值加上应支付的相关税费和补价作为入账价值。

（二）固定资产取得的核算

1. 外购固定资产的核算

外购固定资产是企业取得固定资产的最主要方式。外购固定的成本应当以实际支付的买价、相关税费、使固定资产达到预定可使用状态前所发生的可归属于该项资产的运输费、装卸费、安装费和专业人员服务费等。

（1）购入不需要安装的固定资产。

购入不需要安装的固定资产，以实际支付的一切买价、税费以及使固定资产达到预定可使用状态前所发生的可归属于该项资产的运输费、装卸费、安装费和专业人员服务费等作为固定资产的成本，借记"固定资产"账户，贷记"银行存款"等账户。

（2）购入需要安装的固定资产。

购入需要安装的固定资产，其入账价值除了包括购买固定资产发生的买价、税费外，还包括在安装过程中发生的安装调试费等。在安装交付完毕前均通过"在建工程"账户核算，待安装完毕后，再转入"固定资产"账户。

【例2-70】星运交通运输公司购入一台不需安装的设备，增值税专用发票上注明的价款为41 000元，增值税为6 970元，另支付运输费600元，包装费800元，款项以银行存款支付。

借：固定资产 49 370

贷：银行存款 49 370

【例2-71】2015年4月3日，星运交通运输公司购入一台需要安装的搬运设备，增值税专用发票上注明的价款为270 000元，增值税为37 800元，运输费为1 200元，安装过程中发生安装调试费4 200元，款项以银行存款支付。2015年4月23日，搬运设备安装完毕，交付使用。

① 2015年4月3日，购入设备。

借：在建工程 271 200

应交税费——应交增值税（进项税额） 37 800

贷：银行存款 309 000

②安装过程支付安装调试费。

借：在建工程 4 200

贷：银行存款 4 200

③ 2015年4月23日，搬运设备安装完毕，交付使用。

借：固定资产 275 400

贷：在建工程 275 400

2. 建造固定资产的核算

企业除了通过外购方式取得固定资产外，还可以根据生产经营需要利用企业现有资源和条件自行制造和建造固定资产。自行建造固定资产按实施方式不同，可分为自营工程和出包工程两种。

（1）自营工程。

自营工程是由企业自行组织工程物资的采购、工程的施工、建筑安装的工程。一般应设置"工程物资"和"在建工程"两个账户进行核算。购入工程物资时，借记"工程物资"账户，贷记"银行存款"等账户；领用工作物资时，借记"在建工程"账户，贷记"工程物资"账户；在工程建设过程中，领用本企业的原材料或自产的商品时，借记"工程物资"账户，贷记"原材料""库存商品""应交税费"账户；自营工程发生的其他费用（如工资、福利费等）都应记入到工程成本。工程达到预定可使用状态时，按工程发生的成本，借记"固定资产"账户，贷记"在建工程"账户。

【例2-72】星运交通运输公司自行建造一座仓库，购入工程用的各种材料物资472 000元，增值税为37 800元，运输费为1 200元，款项以银行存款支付。在建造过程中领用工程物资360 000元；领用原材料一批价值20 000元，增值税为3 400元；领用自产的商品30 000元，增值税为5 100元；分配工程人员工资42 000元，支付工程用水电费8 600元。2015年3月5日，工程达到预定可使用状态，经验收交付使用。

①购入工程物资。

借：工程物资	511 000
贷：银行存款	511 000

②工程领用工程物资。

借：在建工程	360 000
贷：工程物资	360 000

③领用原材料。

借：在建工程	23 400
贷：原材料	20 000
应交税费——应交增值税（进项税额转出）	3 400

④领用自产的商品。

借：在建工程 35 100

　　贷：库存商品 30 000

　　　　应交税费——应交增值税（销项税额） 5 100

⑤分配工资、支付水电费。

借：在建工程 50 600

　　贷：应付职工薪酬 42 000

　　　　银行存款 8 600

⑥工程交付使用。

借：固定资产 469 100

　　贷：在建工程 469 100

（2）出包工程。

出包工程是企业将工程项目通过招标等方式发包给建造商，由建造承包商组织施工的工程。在这种方式下，企业不负责具体工程建造过程的核算，只负责按合同规定支付工程建设款和工程验收。企业按合同规定向建造承包商支付工程进度款，借记"在建工程"账户，贷记"银行存款"账户；验收时，按合同结算余款，借记"在建工程"账户，贷记"银行存款"账户；同时结转工程的成本，借记"固定资产"账户，贷记"在建工程"账户。

【例2-73】星运交通运输公司将一幢办公楼的建造工程出包给D建造商承建，按合同规定预付工程进度款2 000 000元，待工程竣工验收后，再结算余款1 500 000元。

①按合同规定支付工程进度款。

借：在建工程 2 000 000

　　贷：银行存款 2 000 000

②工程验收。

借：固定资产 3 500 000

　　贷：在建工程 3 500 000

③同时结算余款。

借：在建工程   1 500 000

 贷：银行存款   1 500 000

3. 接受投资转入的固定资产的核算

企业接受投资者以房屋、机器设备等固定资产投入的资本，应按双方确认的价值作为固定资产的入账价值。

【例2－74】星运交通运输公司接受鸿发公司投入的自动化设备一台，设备的账面价值为140 000元，双方协商价值为112 000元。

借：固定资产   112 000

 贷：实收资本   112 000

4. 接受捐赠的固定资产的核算

接受捐赠的固定资产按前述的方法来确定入账价值，按确认的入账价值，借记"固定资产"账户，贷记"营业外收入"账户。

【例2－75】星运交通运输公司接受广胜公司投入的全新专业设备一台，发票账单上注明的价款为69 520元，增值税税额为11 818.4元，在资产交付过程中，支付相关的运输、包装费1 200元。

借：固定资产   70 720

 应交税费——应交增值税（进项税额） 11 818.4

 贷：营业外收入——捐赠利得   81 338.4

  银行存款   1 200

三、固定资产折旧的核算

（一）固定资产折旧的概述

1. 固定资产折旧的含义

《企业会计准则第4号——固定资产》对固定资产折旧定义的表述是：固定资产在使用寿命内，按照确定的方法对应计折旧额进行系统分摊。固定资产折旧的实质是固定资产在使用过程中由于磨损而逐渐转移的价值，并从企业当期收入中得到补偿。固定资产的损耗分为有形损耗和无形损耗。有形损耗是由于过程和自然力的影响而引起的使用价值和价值的损失，如机器设备的生锈、房屋变得陈旧等。无形损耗是由于技术进度引起的固定资产的损失。

2. 影响折旧的因素

影响折旧的因素主要有：固定资产的原值，是指固定资产取得时的历史成本；预计净残值，是指固定资产使用到期对其进行清理时，预计可收回的残余价值扣除预计清理费用后的差额；固定资产的使用寿命；固定资产的减值准备，指固定资产已计提的累计减值准备金额；折旧方法。企业折旧方法不同，在一个会计期间所计提的折旧额相差也很大。

（二）固定资产计提折旧的范围

除了以下情况外，企业应该对所有的固定资产计提折旧。

（1）已经提足折旧仍继续使用的固定资产。

（2）按照规定单独估价作为固定资产入账的土地。

（三）固定资产折旧的开始和终止时间

（1）企业一般应按月计提固定资产折旧。当月增加的固定资产，当月不提折旧，从下月起计提折旧；当月减少的固定资产，当月照提折旧，从下月起不提折旧。

（2）固定资产提足折旧后，不论能否继续使用，均不再计提折旧。

（3）提前报废的固定资产，也不再补提折旧。

（4）已达到预定可使用状态但尚未办理竣工决算的固定资产，应当按照估计价值确定其成本，并计提折旧；待办理竣工决算后，再按照实际成本调整原来的暂估价值，但不需要调整原已计提的折旧额。

（5）处于更新改造过程停止使用的固定资产，应将其账面价值转入在建工程，不再计提折旧。更新改造项目达到预定可使用状态转为固定资产后，再按照重新确定的折旧方法和该项固定资产尚可使用寿命计提折旧。

（6）因进行大修理而停用的固定资产，应当照提折旧，计提的折旧额应计入相关资产成本或当期损益。

（四）固定资产计提折旧的方法

企业应当根据固定资产所含经济利益预期实现方式选择折旧方法。固定资产折旧方法有年限平均法、工作量法、双倍余额递减法和年数总和法四种。其中，年限平均法、工作量法属于匀速折旧法；双倍余额递减法和年数总和法属于加速折旧法。匀速折旧法是指每个会计期间计提的折旧比较均衡，加速折旧法是指在固定资产使用的前期多提折旧，使用的后期少提折旧的方法。

1. 年限平均法

年限平均法是将固定资产应计提的折旧额均衡地分摊到固定资产预计使用寿命期内的一种方法。

年限平均法计提折旧的公式如下。

$$年折旧率 = [（1-预计净残值率）÷预计使用寿命] ×100\%$$

$$月折旧率 = 年折旧率 ÷ 12$$

$$月折旧额 = 固定资产原价 × 月折旧率$$

【例2-76】星运交通运输公司有一台包装设备，原始价值为45 000元，预计使用4年，报废时预计净残值率为1%，公司对该设备采用年限平均法计提折旧。

年折旧率 = [（1-1%）÷4] ×100% = 24.75%

月折旧率 = 24.75% ÷ 12 = 2.0625%

月折旧额 = 45 000 × 2.0625% = 928.13（元）

2. 工作量法

工作量法是按照固定资产预计完成的工作总量，平均计算固定资产折旧额的一种方法。

工作量法计提折旧的公式如下：

$$单位工作量折旧额 = [固定资产原价×（1-预计净残值率）] ÷预计总工作量$$

$$某项固定资产月折旧额 = 该项固定资产当月工作量×单位工作量折旧额$$

【例2-77】星运交通运输公司有一辆运输用汽车，原始价值为380 000元，预计净残率为2%，预计行驶600 000公里。本月实际行驶

40 000公里。本月应提折旧额如下：

每公里折旧额＝［380 000×（1－2%）］÷600 000＝0.62（元/公里）

本月折旧额＝40 000×0.62＝24 800（元）

3. 双倍余额递减法

双倍余额递减法是以双倍的直线折旧率乘以每年年初固定资产账面净值计算各年折旧的一种方法，在固定资产使用寿命到期前两年内改用年限平均法计提折旧（即以一个不变的分数乘以一个逐年递减的基数）。

双倍余额递减法计提折旧公式：

$$年折旧率＝［2÷预计使用年限］×100\%$$

$$月折旧率＝年折旧率÷12$$

$$月折旧额＝每月月初固定资产账面净值×月折旧率$$

【例2-78】星运交通运输公司有一台设备，原始价值为180 000元，预计使用5年，报废时预计净残值为2 000元，公司对该设备采用双倍余额递减法计提折旧。

年折旧率＝（2÷5）×100%＝40%

各年应提折旧额如表2-10所示。

表2-10 折旧额计提表

年次	年初固定资产净值	折旧率	折旧额	累计折旧额	年末固定资产账面净值
1	180 000	40%	72 000	72 000	108 000
2	108 000	40%	43 200	115 200	64 800
3	64 800	40%	25 920	141 120	38 880
4	38 880	—	18 440	159 560	20 440
5	20 440	—	18 440	178 000	2 000

最后两年采用年限平均法计提折旧，折旧额＝（38 880－2 000）÷2＝18 440（元）

4. 年数总和法

年数总和法是指将固定资产的原值减去预计净残值后的余额乘以逐年递减的分数计算折旧的方法（即一个不变的基数乘以一个逐年递减的分数）。

年数总和法计提折旧的公式如下：

年折旧率 =［尚可使用年限/预计使用寿命的年数总和］× 100%

月折旧率 = 年折旧率 ÷ 12

月折旧额 = （固定资产原值 – 预计净残值）× 月折旧率

【例2-79】接［例2-78］星运交通运输公司对设备采用年数总和法计提折旧。

年数总和 =［（1 + 5）× 5］÷ 2 = 15

折旧基数 = 180 000 – 2 000 = 178 000（元）

各年应提折旧额如表2-11所示。

表2-11　各年应提折旧额

年次	年初固定资产净值	折旧率	折旧额	累计折旧额	年末固定资产账面净值
1	178 000	5/15	59 333	59 333	120 667
2	178 000	4/15	47 466	106 799	73 201
3	178 000	3/15	35 600	142 399	37 601
4	178 000	2/15	23 733	166 132	13 868
5	178 000	1/15	11 868	178 000	2 000

（五）固定资产折旧的会计处理

企业计提固定资产折旧时，要根据使用部门的不同，分别借记"管理费用""销售费用"等有关成本费用账户，贷记"累计折旧"账户。

小提示

固定资产折旧的计算是固定资产核算的重要内容之一。

四、固定资产的维护保养

（一）固定资产后续支出的含义

企业的固定资产在投入后，为了适应新技术发展的需要，或为扩大固定资产规模、为维护或提高固定资产的使用效能以及为延长固定资产使用寿命等，往往会对现有的固定资产进行维护、改建、扩建或改良，因而会发生各种支出。这些支出可分为资本化后续支出和费用化后续支出两种。

（二）资本化后续支出

1. 资本化后续支出的确认和计量

《企业会计准则第 4 号——固定资产》规定，与固定资产有关的后续支出，如果使可能流入企业的经济利益超过了原先的估计，则应将该后续支出予以资本化，计入固定资产的账面价值。但将后续支出计入固定资产价值后，不应导致计入后固定资产的账面价值超过其可收回金额。符合下列条件之一的后续支出应当确认为资本化后续支出：

（1）延长了资产的使用寿命。

（2）提高了固定资产的生产能力。

（3）实质性提高了产品质量。

（4）实质性降低了产品生产成本。

（5）实现了产品的更新换代。

（6）改善了企业经营管理环境或条件。

企业对固定资产进行改建、扩建，从形式上看改变了固定资产的原有使用性能，或增加了固定资产的使用数量，而实质是该项资产将促使企业未来创造经济利益能力的增加，因此应将其改建、扩建的净支出予以资本化。

企业改建、扩建后的固定资产应当以改建、扩建前固定资产的账面价值减去改建、扩建过程中发生的变价净收入，加上改建、扩建过程中发生的全部支出作为新的原值，并且按改建、扩建后的价值预计尚可使用年限和净残值，按选用的方法计提折旧。

2. 资本化后续支出的会计处理

企业在对固定资产进行改建、扩建、改良时，应按照固定资产的账面价值借记"在建工程"账户；根据已提折旧额，借记"累计折旧"账户。如果固定资产计提了减值准备的，还应当结转其计提的减值准备额，借记"固定资产减值准备"账户；按固定资产的原值，贷记"固定资产"账户。改建、扩建、改良过程中发生的全部耗费支出，应借记"在建工程"账户。改建、扩建、改良工程完工达到预定可使用状态时，如果"在建工程"账户归集的金额小于其可收回金额，应将其全部金额转入"固定资产"账户；如果"在建工程"账户归集的金额大于其可收回金额，应按照固定资产的可回收金额借记"固定资产"账户，大于的差额，借记"营业外支出"账户，同时，借记"在建工程"账户。

【例2-80】2015年6月30日，星运交通运输公司一条货物运输作业线出现故障，经检修发现运输作业线上的设备磨损严重，需要更换。该货物运输作业线购买于2011年6月30日，星运交通运输公司已将其整体作为一项固定资产进行了确认，原价为400 000元（其作业线上的设备在2011年6月30日的市场价格为85 000元），预计净残值为0，预计使用年限为10年，采用年限平均法计提折旧。为继续使用该运输作业线并提高工作效率，星运交通运输公司决定对其进行改造，为此购买了一台更大功率的设备代替原设备。新购置设备的价款为82 000元，增值税税额为13 940元，款项已通过银行转账支付；改造过程中，辅助生产车间提供了劳务支出15 000元。

假定原设备磨损严重，没有任何价值。不考虑其他相关税费，甲公司的账务处理为：

（1）固定资产转入在建工程。

本例中的更新改造支出符合固定资产的确认条件，应予以资本化；同时应终止确认原设备的价值。2015年6月30日，原设备的价值为：

85 000 – （85 000 ÷ 10）×4 = 51 000 （元）

  借：营业外支出——处置非流动资产损失   51 000

    在建工程——运输作业线   189 000

    累计折旧——运输作业线（400 000 ÷ 10 ×4） 160 000

    贷：固定资产——运输作业线   400 000

（2）更新改造支出。

  借：工程物资——新设备   82 000

    应交税费——应交增值税（进项税额）   13 940

    贷：银行存款   95 940

  借：在建工程——运输作业线   97 000

    贷：工程物资——新设备   82 000

      生产成本——辅助生产成本   15 000

（3）在建工程转回固定资产。

  借：固定资产——运输作业线   286 000

    贷：在建工程——运输作业线   286 000

（三）费用化后续支出

  固定资产在使用过程中会不断地发生有形损耗。为了使其处于良好的工作状态，就必须对固定资产进行维修。固定资产的维修按其规模不同分为大修理和小修理两类。

  1. 大修理

  大修理是对达到一定使用年限的固定资产，根据技术规程的规定进行全面的检修。机器设备大修理的内容包括把设备全部拆卸、更换和修复全部的磨损零件，校正和调整整个设备，恢复机器设备的原有精度、性能和效率；房屋建筑物大修理的内容包括就原有规模、原在地点和原有结构进行翻修和改善地面工程，房屋建筑物的效能得以恢复和较以前有一定的提高；或者是对部分倒塌、毁损的房屋建筑物，尽可能地利用其原有材料进行修复。大修理的特点是：修理范围大，间隔时间长，所需费用多，并具有固定资产局部再生产性质。

2. 小修理

小修理也叫日常修理，是在固定资产所在地进行的局部检修，包括对机器设备少量的磨损零件进行更换和修复；对房屋建筑物的墙壁进行粉刷、部分门窗的修缮等。其特点是：受理范围只限于零部件的更换和修理，修理程度简单，在固定资产维护检查时同时进行，修理范围小，支出费用少，间隔时间短和发生次数多。

固定资产修理而发生的后续支出并未提高固定资产原定的创利能力，应予以费用化。按照固定资产的使用部门，分别借记"管理费用""制造费用""销售费用""主营业务成本"等成本账户，贷记"银行存款"账户。

【例2-81】星运交通运输公司对办公楼进行修理，修理过程中领用原材料一批，价值为23 000元，该批原材料的增值税为3 910元；应付维修工人薪酬31 500元。

借：管理费用　　　　　　　　　　　　　　　58 410
　　贷：原材料　　　　　　　　　　　　　　　23 000
　　　　应交税费——应交增值税（进项税额转出）　3 910
　　　　应付职工薪酬　　　　　　　　　　　　31 500

五、固定资产处置的核算

（一）固定资产处置的定义

固定资产处置，包括固定资产的出售、转让、报废、毁损、对外投资、非货币性资产交换、债务重组等。固定资产满足下列条件之一的，应当予以终止确认。

（1）该固定资产处于处置状态。

（2）该固定资产预期通过使用或处置不能产生经济利益。

固定资产的处置主要是指固定资产的报废和出售，以及对由于各种不可抗拒的自然灾害而遭到损坏的固定资产所进行的清理工作。

（二）固定资产处置的会计处理

1. 出售、报废、毁损固定资产的会计处理

企业因出售、报废、毁损等原因而减少的固定资产通过"固定资产清理"账户核算。"固定资产清理"是计价对比账户，它核算公司因出售、报废和毁损等原因转入清理的固定资产净值，以及在清理过程中所发生的清理费用和清理收入。其借方反映转入清理的固定资产的净值和发生的清理费用，贷方反映清理固定资产的变价收入和应由保险公司或过失人承担的损失等。

对固定资产处置进行会计处理时，包括以下几个步骤。

（1）将固定资产转入清理。

企业出售、报废、毁损固定资产转入清理时，按照固定资产的账面净值，借记"固定资产清理"账户；按已提折旧和已提减值准备，借记"累计折旧""固定资产减值准备"账户；按固定资产的原值，贷记"固定资产"账户。

（2）发生的清理费用。

对固定资产清理过程中发生的清理费用，应借记"固定资产清理"账户，贷记"银行存款"账户。

（3）计算缴纳的营业税。

企业销售房屋、建筑物不动产，应按照税法要求缴纳营业税。借记"固定资产清理"账户，贷记"应交税费——应交营业税"账户。

（4）出售收入和残料变价收入、保险赔偿收入的处理。

企业出售固定资产的收入、报废固定资产的残值收入、保险赔偿收入，应冲减清理支出，即借记"银行存款""原材料""其他应收款"账户，贷记"固定资产清理"账户。

（5）清理净损益的处理。

固定资产清理完毕发生的净收益应结转到"营业外收入"计入当期损益，借记"固定资产清理"账户，贷记"营业外收入"账户；固定资

产清理完毕发生的净损失应结转到"营业外支出"计入当期损益，借记"营业外支出"账户，贷记"固定资产清理"账户。

【例2-82】星运交通运输公司的一台空调设备原价为12 000元，估计残值为1 000元，耐用年限为4年，采用平均年限法计提折旧。2015年11月30日将该空调出售，该资产已提折旧3 000元，没有计提减值准备，买价收入为9 200元，发生清理费用900元，缴纳营业税460元。编制会计分录如下：

① 固定资产转入清理。

借：固定资产清理   9 000

    累计折旧   3 000

    贷：固定资产   12 000

② 清理变价收入。

借：银行存款   9 200

    贷：固定资产清理   9 200

③ 支付清理费用。

借：固定资产清理   900

    贷：银行存款   900

④ 缴纳营业税。

借：固定资产清理   460

    贷：应交税费——应交营业税   460

⑤ 结转固定资产清理净损失。

借：营业外支出——处置固定资产净损失   1 160

    贷：固定资产清理   1160

【例2-83】星运交通运输公司的一辆汽车原价为150 000元，已提折旧50 000元。在一次交通事故中报废，收到保险公司赔偿款60 000元，残料变卖收入5 000元，过失人赔偿款20 000元尚未收到。编制会计分录如下：

① 将报废车辆转入清理。

借：固定资产清理   100 000

    累计折旧   50 000

    贷：固定资产   150 000

② 收到保险公司赔款。

借：银行存款   60 000

    贷：固定资产清理   60 000

③ 确认过失人赔款。

借：其他应收款——过失人   20 000

    贷：固定资产清理   20 000

④ 收到残料变卖收入。

借：银行存款   5 000

    贷：固定资产清理   5 000

⑤ 结转固定资产净损益。

借：营业外支出——非常损失   15 000

    贷：固定资产清理   15 000

2. 投资转出固定资产的会计处理

企业在将固定资产对外投资时，应将固定资产先转入清理。按照固定资产的净值，借记"固定资产清理"账户；按已计提的折旧和减值准备，借记"累计折旧""固定资产减值准备"账户；按固定资产的原值，贷记"固定资产"账户；投资拨出固定资产需要支付相关的税费，借记"固定资产清理"账户；待固定资产交付完毕后，再按投资合同或双方协商的价值，借记"长期股权投资"账户；按固定资产清理账户的余额贷记"固定资产清理"账户；两者之间的差额列入"营业外收入"或"营业外支出"账户。

【例2-84】星运交通运输公司将一台设备向 N 公司投资，该设备的原值为 650 000 元，已提折旧 120 000 元，已提减值准备 6 000 元。双方

协商以 540 000 元作投资入账，该固定资产在拆卸过程中发生相关费用
2 000元。

（1）将固定资产转入清理。

借：固定资产清理	524 000
累计折旧	120 000
固定资产减值准备	6 000
贷：固定资产	650 000

（2）拆卸过程中发生相关费用。

| 借：固定资产清理 | 2 000 |
| 贷：银行存款 | 2 000 |

（3）拨付设备。

借：长期股权投资	540 000
贷：固定资产清理	526 000
营业外收入	14 000

3. 盘盈、盘亏固定资产的会计处理

企业应定期或者至少于每年年末对固定资产进行全面清查。固定资产的清查采用实地盘点的方式。对盘盈、盘亏的固定资产，应当查明原因，写出书面报告，并根据企业的管理权限，经股东大会或董事会、经理（厂长）会议等类似机构批准后，在期末结账前处理完毕。

（1）固定资产盘盈。

企业在财产清查中，盘盈的固定资产作为前期差错处理，通过"以前年度损益调整"账户核算。盘盈的固定资产按同类或类似固定资产的市场价格减去按该项资产的新旧程度估计的价值损耗后的余额作为入账价值；如果同类或类似固定资产不存在活跃市场时，按该项固定资产预计未来现金流量的现值作为入账价值。企业应按确定的入账价值，借记"固定资产"账户，贷记"以前年度损益调整"账户；计算应交所得税时，借记"以前年度损益调整"账户，贷记"应交税费——应交所得税"

账户；最后将"以前年度损益调整"账户的余额结转至"利润分配——未分配利润"账户。

【例2-85】星运交通运输公司在年度财产清查中，发现账外设备一台。该设备按同类市场价扣除新旧程度的价值损耗后的余额为42 000元，星运交通运输公司适用的所得税税率为25%，并按净利润的10%计提法定盈余公积。

① 固定资产盘盈。

借：固定资产   42 000

     贷：以前年度损益调整   42 000

② 确定应缴纳的所得税。

借：以前年度损益调整   10 500

     贷：应交税费——应交所得税（42 000×25%）   10 500

③ 结转留存收益。

借：以前年度损益调整   31 500

     贷：盈余公积——法定盈余公积   3 150

         利润分配——未分配利润   28 350

（2）固定资产盘亏。

企业在清查中发现的盘亏固定资产，应通过"待处理财产损溢"账户核算。发现固定资产盘亏时，按固定资产的账面净值，借记"待处理财产损溢"账户；按计提的累计折旧和减值准备，借记"累计折旧""固定资产减值准备"账户；按固定资产的原值，贷记"固定资产"账户。经批准转销，借记"营业外支出"账户，贷记"待处理财产损溢"账户。

【例2-86】星运交通运输公司在财产清查时，发现少了一台设备。该设备账面原值为37 200元，已提折旧14 000元，已提减值准备4 000元。

① 发现盘亏。

借：待处理财产损溢——待处理固定资产损溢 19 200

  累计折旧 14 000

  固定资产减值准备 4 000

   贷：固定资产   37 200

② 经批准后转销。

借：营业外支出——固定资产盘亏 19 200

   贷：待处理财产损溢——待处理固定资产损溢 19 200

小活动

到周边的企业了解固定资产的种类，一个企业非生产用固定资产有哪些？

六、固定资产的减值

企业的固定资产按固定资产的账面价值与可收回金额孰低计量，按可收回金额低于账面价值的差额计提减值准备。对于可收回金额须以相关技术、管理等部门的专业人员提供的内部或外部独立鉴定报告，作为判断依据。在资产负债表日，固定资产存在减值迹象，且其可回收金额低于账面价值时，企业应当将固定资产的账面价值减记至可回收金额。减记的金额确认为减值损失，计入当期损益，同时计提相应的资产减值准备，即借记"资产减值损失——计提固定资产减值准备"账户，贷记"固定资产减值准备"账户。固定资产减值损失一经确定，在以后会计期间内不得转回。

已计提减值准备的固定资产，应当按照固定资产的账面价值以及尚可使用年限重新计算确定折旧率和折旧额。当处置已计提减值准备的固定资产时，应将其计提的减值准备转出，借记"固定资产减值准备"账户，贷记"固定资产"账户。

【例2-87】星运交通运输公司一台设备的原值为56 800元，已计提折旧19 400元。现因市价持续下跌，该设备的可回收金额为30 000元。

计提减值准备 = 30 000 - （56 800 - 19 400） = -7 400（元）

借：资产减值损失——计提固定资产减值准备　　　　　7 400

　　贷：固定资产减值准备　　　　　　　　　　　　　　　7 400

知识结构图

固定资产
- 固定资产概述
  - 固定资产的特征
  - 固定资产的确认
  - 固定资产分类
    - 按使用情况
    - 按经济用途
    - 按所有权
    - 按经济用途和使用情况
  - 固定资产的计价
    - 原始价值
    - 折余价值
    - 重置价值
- 固定资产取得的核算
  - 外购
  - 建造
  - 接受投资
  - 接受捐赠
  - 转入
- 固定资产折旧的核算
  - 计提折旧的范围
  - 折旧的开始和终止时间
  - 计提折旧的方法
    - 年限平均法
    - 工作量法
    - 双倍余额递减法
    - 年数总和法
- 固定资产的维护保养
  - 费用化后续支出
  - 资本化后续支出
- 固定资产的处置
  - 出售、报废、毁损、投资转出
  - 盘盈、盘亏固定资产
- 固定资产的减值

2.6 无形资产和其他资产的核算

B 公司于 2011 年 7 月 1 日以 180 万元的价格购入一项专利权，全部款项已由银行存款支付。专利权的预计使用寿命为 6 年。2013 年 12 月 31 日，由于市场技术条件发生较大变动，B 公司判断该专利权发生减值。经过减值测试，专利权的公允价值为 60 万元，预计未来现金流量的现值为 48 万元。B 公司认为专利权的预计未来现金流量的现值低于公允价值，所以专利权的可收回金额为 48 万元，并以此为依据计提了无形资产减值准备 57 万元。2015 年 12 月 31 日，由于市场技术条件发生较大变动，B 公司预计专利权的可收回金额为 72 万元，因此将已计提的无形资产减值准备 57 万元全部转回。B 公司的业务处理和做法是否正确？

对于上述经济业务的会计处理，通过本项目的学习，我们将会熟练掌握。

一、无形资产的核算

（一）无形资产的概述

1. 无形资产的概念及特征

无形资产是指企业为生产商品、提供劳务、出租给他人，或者为管理目的而持有的、没有实物形态的非货币性长期资产。无形资产具有如下特征。

（1）无形资产不具有实物形态。

无形资产通常表现为某种权力、技术或获取超额利润的综合能力，比如，土地使用权、专利技术等。它没有实物形态，却能够为企业带来经济利益，或使企业获取超额收益。不具有实物形态，是无形资产区别于其他资产的特征之一。需要指出的是，某些无形资产的存在有赖于实物载体，比如计算机软件需要存储在磁盘中，但这并没有改变无形资产本身不具有实物形态的特征。

（2）无形资产属于非货币性长期资产。

无形资产属于非货币性资产，而且不是流动资产，是无形资产的又一特征。无形资产属于长期资产，主要是因为其能在超过企业的一个经营周期内为企业创造经济利益。那些虽然具有无形资产的其他特性却不能在超过一个经营周期内为企业服务的资产，不能作为企业的无形资产核算。

（3）无形资产是为企业使用而非出售的资产。

企业持有无形资产的目的不是为了出售而是为了生产经营，即利用无形资产来生产商品、提供劳务、出租给他人或为企业经营管理服务。

（4）无形资产在创造经济利益方面存在较大的不确定性。

无形资产为企业创造经济利益的方式，具体表现为销售产品或提供劳务取得的收入、让渡无形资产的使用权给他人取得的租金收入，也可能表现为因为使用无形资产而改进了生产工艺、节约了生产成本等。无形资产必须与企业的其他资产（包括足够的人力资源、高素质的管理队伍、相关的硬件设备、相关的原材料等）相结合，才能为企业创造经济利益。此外，无形资产创造经济利益的能力还较多地受外界因素的影响，比如相关新技术更新换代的速度、利用无形资产所生产产品的市场接受程度等。由于无形资产在创造经济利益方面存在较大的不确定性，所以，要求在对无形资产进行核算时应持更为谨慎的态度。

2. 无形资产的内容

无形资产是指企业长期使用但是没有实物形态的资产，包括专利权、非专利技术、商标权、著作权、土地使用权、特许权等，其中专利权、非专利技术、商标权、著作权都属于国际上通称的知识产权。具体如下。

（1）专利权。

专利权是指国家专利主管机关依法授予发明创造专利申请人对其发明创造在法定期限内所享有的专利权利，包括发明专利权、实用新型专利权和外观设计专利权。

（2）非专利技术。

非专利技术是指企业中实用的、先进的、未公开的和未申请专利的知识和技术，包括各种设计资料、图纸数据、技术规范、工艺流程和配方等。非专利技术具有经济性、机密性和动态性等特点。

（3）商标权。

商标是工商企业在其经营的商品上所使用的一种标志。法律上为保护生产者的正当权益严禁出现假冒、仿用商标等侵犯他人权利的违法行为。受商标法保护的权利，称为商标权。按照我国《商标法》的规定，商标权的有效期限为 10 年，期满可申请延期。

（4）著作权。

著作权又称版权，指作者对其创作的文学、科学和艺术作品依法享有的某些特殊权利，包括精神权利（人身权利）和经济权利（财产权利）两个方面。前者指作品署名、发表作品、确认作者身份、保护作品的完整性、修改已经发表的作品等项权利，包括发表权、署名权、修改权和保护作品完整权；后者指以出版、表演、广播、展览、录制唱片、摄制影片等方式使用作品以及因授权他人使用作品而获得经济利益的权利。

（5）土地使用权。

土地使用权是指国家准许某企业在一定期间内对国有土地享有开发、利用、经营的权利。根据我国土地管理法的规定，我国土地实行公有制，任何单位和个人不得侵占、买卖或者以其他形式非法转让。企业取得土地使用权的方式大致有以下几种：行政划拨取得、外购取得、投资者投入取得等。

（6）特许权。

特许权又称经营特许权、专营权，指企业在某一地区经营或销售某种特定商品的权利或是一家企业接受另一家企业使用其商标、商号、技术秘密等的权利。前者一般是由政府机构授权，准许企业使用或在一定地区享有经营某种业务的特权，如水、电、邮电通讯等专营权、烟草专卖权等；后者指企业间依照签订的合同，有限期或无限期使用另一家企业的某些权利，如连锁店分店使用总店的名称等。

小思考

专利权和非专利技术的区别是什么？

（二）无形资产的核算

为了核算无形资产的取得、摊销和处置等情况，企业应当设置"无形资产""累计摊销""研发支出"等科目。企业无形资产发生减值的，还应当设置"无形资产减值准备"科目进行核算。

1. 取得无形资产的核算

企业取得无形资产的方式主要有购入、投资者投入、自创、债务重组、非货币性交易、接受捐赠等。其中，购入、投资者投入和自创无形资产是最主要的取得方式。无形资产应当按照成本进行初始计量。企业取得无形资产的主要方式有外购、自行研究开发等。取得的方式不同，其会计处理也有所差别。

（1）外购的无形资产，其成本包括购买价款、相关税费以及直接归属于使该项资产达到预定用途所发生的其他支出。

【例2-88】星运交通运输公司购入一项专利技术，支付价款和有关的费用共计450 000元，款项以银行存款支付。

借：无形资产　　　　　　　　　　　　　　　450 000
　　贷：银行存款　　　　　　　　　　　　　　　　450 000

（2）自行研究开发的无形资产，企业内部研究开发项目所发生的支出应区分研究阶段支出和开发阶段支出。研究是指为获取并理解新的科学或技术知识而进行的独创性有计划的调查；开发是指在进行商业性生产或使用前，将研究成果或其他知识应用于某项计划或设计，以生产出新的或具有实质性改进的材料、装置、产品等。企业应设置"研发支出"账户，核算企业进行研究与开发无形资产过程中发生的各项支出。可按研究开发项目，分别以"费用化支出""资本化支出"进行明细核算。企业内部研究开发项目研究阶段的支出，应当于发生时计入当期损益，期末应将"研发支出"账户归集的费用化支出金额转入"管理费用"账户。同时，满足下列条件的，才能确认为无形资产。

①完成该无形资产以使其能够使用或出售在技术上具有可行性。

②具有完成该无形资产并使用或出售的意图。

③具备无形资产产生经济利益的方式。

④有足够的技术、财务资源和其他资源支持，以完成该无形资产的开发，并有能力使用或出售该无形资产。

⑤归属于该无形资产开发阶段的支出能够可靠地计量。

研究开发项目达到预定用途形成无形资产的，应按本账户（资本化支出）的余额，转入"无形资产"账户。

【例2-89】星运交通运输公司自行研究开发一项新技术，到2014年12月31日止，共发生研发支出2 600 000元。经测试，该项研发项目完成了研究阶段，从2015年1月1日起正式进入开发阶段。2015年，该项研究开发项目共发生研发支出720 000元，并且符合开发支出资本化条件。2015年7月31日，该项目研发成功，形成本企业的一项非专利技术。

（1）2014年发生的研发支出。

借：研发支出——费用化支出　　　　　　　　　2 600 000

　　贷：银行存款　　　　　　　　　　　　　　　　2 600 000

（2）2014 年 12 月 31 日，当年发生的支出全部属于研究阶段的支出。

借：管理费用   2 600 000

　　贷：研发支出——费用化支出   2 600 000

（3）2015 年发生的研发支出满足资本化条件。

借：研发支出——资本化支出   720 000

　　贷：银行存款   720 000

（4）2015 年 7 月 31 日，项目研发成功并形成无形资产。

借：无形资产   720 000

　　贷：研发支出——资本化支出   720 000

（3）投资者投入的无形资产，应按照投资合同或协议约定的价值入账。按确定的投资价值，借记"无形资产"账户，贷记"实收资本"账户。

【例 2-90】星运交通运输公司接受东方公司一项专利权的投资，双方在投资合同中约定的价值为 165 000 元。

借：无形资产   165 000

　　贷：实收资本   165 000

小提示

自创无形资产的计价是无形资产核算的难点和重点。

2. 无形资产摊销的核算

企业应当于取得无形资产时分析判断其使用寿命。使用寿命有限的无形资产，应进行摊销；使用寿命不确定的无形资产不应摊销，但应当在每个会计期间进行减值测试。其减值测试的方法按照资产减值的原则进行处理，如经减值测试表明已发生减值，则需要计提相应的减值准备。使用寿命有限的无形资产，其残值应当视为零。对使用寿命有限的无形资产，应当自可供使用当月起开始摊销，处置当月不再摊销。

企业应当选择适当的摊销方法对无形资产进行摊销，选择的方法应当反映与该项无形资产有关的经济利益和预期实现方式。无法可靠确定预期实现方式的，应当采用直线法摊销。

企业按月计算的摊销额应当计入当期损益，自用的无形资产摊销额记入"管理费用"账户，出租无形资产的摊销额记入"其他业务成本"账户。

【例2-91】2015年1月5日，星运交通运输公司购入一项市场领先的畅销产品的专利权，成本为60万元，该专利权的使用寿命为8年。

（1）2015年1月5日，购入专利权。

借：无形资产——专利权　　　　　　　　　　　600 000
　　贷：银行存款　　　　　　　　　　　　　　　　　600 000

（2）2015年1月31日，摊销无形资产。

借：管理费用　　　　　　　　　　　　　　　　6 250
　　贷：累计摊销　　　　　　　　　　　　　　　　　6 250

3. 无形资产处置的核算

无形资产的处置，主要是指无形资产出售、对外投资、出租、对外捐赠或者是报废等。

（1）无形资产的出售。

企业出售无形资产，一方面反映因转让而取得的收入，另一方面应将无形资产的摊余价值予以转销。计提了减值准备的，还应当结转其减值准备。出售无形资产还应当缴纳营业税，企业出售无形资产的净收益记入"营业外收入"账户，出售无形资产的净损失记入"营业外支出"账户。

【例2-92】星运交通运输公司将拥有的一项非专利技术出售，取得收入100万元，应交的营业税为5万元。该非专利技术的账面余额为200万元，累计摊销额为150万元，已计提的减值准备为10万元。

借：银行存款　　　　　　　　　　　　　　1 000 000

累计摊销　　　　　　　　　　　　　　1 500 000

无形资产减值准备　　　　　　　　　　100 000

贷：无形资产　　　　　　　　　　　　　2 000 000

应交税费——应交营业税　　　　　　50 000

营业外收入——处置非流动资产利得　　550 000

（2）无形资产的出租。

企业将所拥有的无形资产的使用权让渡给他人，并收取租金，属于与企业日常活动相关的其他经营活动取得的收入。在满足收入确认条件的情况下，应确认相关的收入及成本，并通过"其他业务成本"科目进行核算。让渡无形资产使用权而取得的租金收入，借记"银行存款"等账户，贷记"其他业务收入"等账户；摊销出租无形资产的成本并发生与转让有关的各种费用支出时，借记"其他业务成本"账户，贷记"累计摊销"账户。

【例2-93】星运交通运输公司某项专利权账面原价为120 000元，有效期限为10年，已使用2年。现将使用权转让给乙单位。转让合同规定，受让方每销售1吨用该项专利配方生产的产品须支付20元使用费。乙单位本年度销售产品1 000吨。

① 取得转让收入。

借：银行存款　　　　　　　　　　　　　　20 000

贷：其他业务收入　　　　　　　　　　20 000

② 计提该无形资产的摊销额。

借：其他业务成本　　　　　　　　　　　　12 000

贷：累计摊销　　　　　　　　　　　　12 000

（3）无形资产的报废。

如果无形资产预期不能为企业带来未来经济利益，例如，该无形资产已被其他新技术所替代或超过法律保护期，不能再为企业带来经济利益的，则不再符合无形资产的定义，应将其报废并予以转销，其账面价值转作当期损益。转销时，应按已计提的累计摊销，借记"累计摊销"账户；按其账面余额，贷记"无形资产"账户；按其差额，借记"营业外支出"账户。已计提减值准备的，还应及时结转减值准备。

【例2-94】星运交通运输公司拥有某项专利技术，根据市场调查，用其生产的产品已没有市场，决定应予以转销。转销时，该项专利技术的账面余额为600万元，摊销期限为10年，采用直线法进行摊销，已摊销了5年。假定该项专利权的残值为零，已累计计提的减值准备为100万元，不考虑其他相关因素，则A公司的账务处理如下。

借：累计摊销　　　　　　　　　　　　　　　3 000 000

　　无形资产减值准备　　　　　　　　　　　1 000 000

　　营业外支出——处置无形资产损失　　　　2 000 000

　　贷：无形资产——专利权　　　　　　　　　　　　6 000 000

4. 无形资产减值的核算

无形资产应按其期末未摊销成本计价，但是如果无形资产可回收金额低于其账面价值，则证明无形资产发生了减值，应当计提减值准备。为了核算无形资产的减值情况，企业应设置"无形资产减值准备"账户，该账户贷方登记提取的无形资产减值准备，期末贷方余额表示已计提的无形资产减值准备。无形资产减值损失一经确定在以后会计期间不得转回。

【例2-95】星运交通运输公司所拥有的专利权在2015年年末的摊余价值为500万元，预计可收回金额为450万元，"无形资产减值准备"账户余额为零，则2015年年末甲企业应计提的减值准备为50万元。

借：资产减值损失——计提无形资产减值准备　　500 000

　　贷：无形资产减值准备　　　　　　　　　　　　500 000

二、其他资产的核算

其他资产是指除长期股权投资、固定资产、无形资产等以外的资产，如长期待摊费用、冻结的银行存款、诉讼中的财产、经国家批准储备的特种物资等。

（一）长期待摊费用的概述

长期待摊费用，是指企业已经支出，但摊销期在 1 年以上（不含 1 年）的各项费用，包括固定资产大修理支出、租入固定资产的改良支出以及摊销期限在 1 年以上的其他待摊费用。

长期待摊费用主要包括以下内容。

1. 开办费

开办费，是指企业筹建期间内发生的费用，包括筹建期间的人员工资、办公费、培训费、差旅费、印刷费、注册登记费，以及不计入固定资产价值的借款费用等，但不包括筹建期间为取得各项固定资产和无形资产所发生的费用。开办费应当在长期待摊费用中归集，待企业开始生产经营时一次计入开始生产经营当期的损益。如果长期待摊费用不能使以后会计期间受益，应当将尚未摊销的项目的摊余价值全部计入当期损益。

2. 股票发行费

股票发行费，是指股份有限公司委托其他单位发行股票支付的手续费或佣金，减去发行股票冻结期间的利息收入后的相关费用，从发行股票的溢价中不够摊销的或者无溢价的、应列作长期待摊费用的那部分费用。

3. 固定资产大修理支出

采用摊销方法核算的，实际发生的大修理支出，应在本次大修理和下次大修理间隔期内平均摊销。如两次大修理的间隔期为 3 年，就应在 36 个月内平均摊销。

4. 以经营租赁方式租入固定资产的改良支出

以经营租赁方式租入固定资产的改良支出，应在租赁期限与租赁资产预计尚可使用年限两者孰短的期限内平均摊销。

5. 其他摊销期限超过 1 年的待摊费用

其他长期待摊费用，是指不属于上述各项的摊销期超过 1 年的待摊费用。其他长期待摊费用应当在受益期内平均摊销。

（二）长期待摊费用的核算

为了反映长期待摊费用的增减变动及其结余情况，企业应设置"长期待摊费用"账户。"长期待摊费用"账户应按费用的种类设置明细分类账，期末借方余额反映企业尚未摊销的各项递延资产或长期待摊费用。在财务报表附注中，应按费用项目披露其摊余价值、摊余期限、摊销方式等。当企业发生租入固定资产改良支出和其他长期待摊费用时，借记"长期待摊费用"账户，贷记"银行存款""原材料""应付职工薪酬"等账户。

【例 2-96】星运交通运输公司在筹建期间发生如下费用：注册登记费 1 000 元，差旅费 2 500 元，购买办公用品 3 200 元，支付职工工资 5 000 元，其他费用 1 800 元。上述费用均用银行存款支付，公司已经开始正式投产。

（1）企业发生开办费。

借：长期待摊费用——开办费   13 500

    贷：银行存款   13 500

（2）企业正式投产。

借：管理费用   13 500

    贷：长期待摊费用——开办费   13 500

【例 2-97】星运交通运输公司将租入的机器设备进行改良，改良过程中领用材料 24 000 元，应付职工工资 7 000 元，计提职工福利费 980 元。该设备租赁期为 5 年，尚可使用 6 年。

（1）改良发生支出。

借：长期待摊费用——租入固定资产改良支出   31 980

    贷：原材料   24 000

       应付职工薪酬   7 980

（2）按月摊销。

月摊销额 = 31 980 ÷ 5 ÷ 12 = 533（元）

借：制造费用　　　　　　　　　　　　　　　　　　　　　533

　　贷：长期待摊费用——租入固定资产改良支出　　　　　　　533

知识结构图

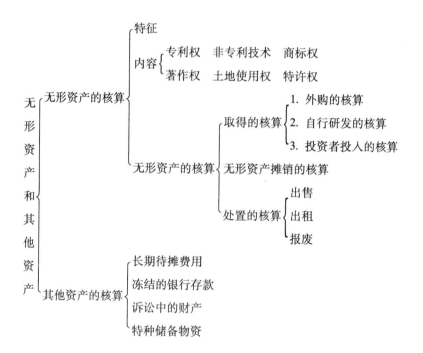

第 3 章

交通运输业负债的核算

3.1 短期借款

ASC 交通运输公司于 2015 年 8 月 1 日从银行取得 3 个月的短期借款 6 000 000元，年利率为 6%，到期后一次还本付息。借款取得时，编制记账凭证如下。

记 账 凭 证

2015 年 8 月 1 日   第 92 号

摘　　要	总账科目	明细科目	借方金额 亿千百十万千百十元角分	贷方金额 亿千百十万千百十元角分	记账 (√)	
取得短期借款	银行存款		6 0 0 0 0 0 0 0 0		√	附单据1张
		短期借款		6 0 0 0 0 0 0 0 0	√	
合计			¥ 6 0 0 0 0 0 0 0 0	¥ 6 0 0 0 0 0 0 0 0		

会计主管：张腾   记账：李辉   出纳：王军   复核：陈雪   制单：单美

附单据 1 张：借款借据 1 张。

借款借据

执行借款合同号：22010021000100　　　　借据序号：　2（2）

借款人	ASC 交通运输公司	客户号	20344035212 – 5
借款用途	购设备	存款账户账号或卡号	20144700052778
借款金额（大写）	陆佰万元整	（小写）	￥6 000 000.00
借款日期	2015 年 08 月 01 日	还款方式	到期一次还本付息

借款到期	年	月	日	金额	月利率（%）	年	月	日	金额	月利率（%）
	2015	10	31	6 000 000.00	0.5					

借款人　（公章） 法定代表人/负责人 （或代理人）（签章） 经办人李辉　（签章）	贷款人　（公章或合同专用章） 负责人 （或代理人）（签章） 经办人　（签章）	上列贷款已核准并转入你借款人账户 会计人员（签章）

计提利息，编制记账凭证如下。

记 账 凭 证

2015 年 8 月 1 日　　　　　　　　　第 92 号

摘　要	总账科目	明细科目	借方金额 亿千百十万千百十元角分	贷方金额 亿千百十万千百十元角分	记账（√）
计提利息	财务费用		3 0 0 0 0 0		√
	应付利息			3 0 0 0 0 0	√
合计			￥3 0 0 0 0 0	￥3 0 0 0 0 0	

附单据1张

会计主管：张腾　　记账：李辉　　出纳：王军　　复核：陈雪　　制单：单美

附单据 1 张：利息计算表 1 张。

应付利息计算表

2015 年 8 月 31 日

贷款银行	借款种类	本金	月利率	利息额
中国建设银行	短期借款	6 000 000.00	6% ÷12	30 000.00

审核：　　　　　　　　　　　　　制单：单美

注：短期借款利息。

3.2 应付票据

ASC 交通运输公司于 2015 年 8 月 1 日从 A 零件厂购入刹车片 200 块，每块 150 元，贷款共计 30 000 元，增值税税款为 5 100 元，ASC 公司同时签发并承兑一张为期 1 个月、面值为 35 100 元的不带息商业承兑汇票，刹车片已验收入库。编制记账凭证如下。

①购入刹车片时。

记 账 凭 证

2015 年 8 月 1 日　　　　　　　　　　　　　第 94 号

摘　　要	总账科目	明细科目	借方金额 亿	千	百	十	万	千	百	十	元	角	分	贷方金额 亿	千	百	十	万	千	百	十	元	角	分	记账 (√)
购入刹车片同时	周转材料	刹车片					3	5	1	0	0	0	0												√
开出承兑汇票	应付票据	A 零件厂																3	5	1	0	0	0	0	√
合计					¥	3	5	1	0	0	0	0			¥	3	5	1	0	0	0	0			

会计主管：张腾　　记账：李辉　　出纳：王军　　复核：陈雪　　制单：单美

附单据 3 张：增值税普通发票 1 张，商业承兑汇票 1 张，产品入库单 1 张。

附单据 3 张

北京市增值税普通发票　No 432525200

发　票　联

开票日期：2015 年 8 月 1 日

购货单位	名　　称：ASC 交通运输公司 纳税人识别号： 地　址、电　话： 开户行及账号：					密码区	（略）		
货物及应税劳务名称	规格型号	单位	数量	单价	金额		税率	税额	
刹车片	HK23	块	200	150.00	30 000.00		17%	5 100.00	
合　计						￥30 000.00		￥ 5 100.00	
价税合计（大写）	⊗叁万伍仟壹佰元整					（小写）　￥35 100.00			
销货单位	名　　称：A 零件厂 纳税人识别号：441010902367899266 地　址、电　话：北京市太和路 28 号 开户行及账号：建行天使路支行 6222002130031 8574535					备注			

附单据 1 张

商业承兑汇票（存根）

出票日期

（大写）贰零壹伍年零捌月零壹日　　汇票号码：7914

付款人	全称	ASC 交通运输公司	收款人	全称	A 零件厂									
	账号	622700012345678		账号	62220021300318574535									
	开户银行	建行建设路支行		开户银行	建行天使路支行									
出票金额	人民币 （大写）叁万伍仟壹佰元整				亿	千	百	十	万	千	百	十	元	角	分
								￥	3	5	1	0	0	0	0
汇票到期日 （大写）	贰零壹伍年零捌月叁拾壹日		付款人开户行	行号	5915									
交易合同号码	5458			地址	天津市天河区建设路 3 号									
备注：														

此联由出票人存查

入 库 单

供货单位：A 零件厂   凭证编号：103

发票号码：432525200   2015 年 8 月 1 日   收料仓库：C 仓库

材料编号	材料名称	规格	单位	数量		单价	金额
				应收	实收		
1934	刹车片	HK23	块	200	200	175.5	35 100.00
合　计				200	200		35 100.00

主管：　　　　　记账：　　　　　仓库保管：　　　　　经办人：

②到期付款时。

记 账 凭 证

2015 年 8 月 31 日   第 95 号

摘　　要	总账科目	明细科目	借方金额										贷方金额										记账
			亿	千	百	十	万	千	百	十	元	角	分	亿	千	百	十	万	千	百	十	元	角	分	(√)
承兑商业汇票	应付票据	A 零件厂				3	5	1	0	0	0	0													√
	银行存款															3	5	1	0	0	0	0	√
合计			¥	3	5	1	0	0	0	0			¥	3	5	1	0	0	0	0		

附单据 1 张

会计主管：张腾　　　记账：李辉　　　出纳：王军　　　复核：陈雪　　　制单：单美

附单据 1 张：银行付款凭证回单 1 张。

中国建设银行

回单编号：11271000001　　业务回单（付款）　凭证

入账日期：2015 – 08 – 31

付款人户名：ASC 交通运输公司

付款人账号：622700012345678

付款人开户行/发报行：建行建设路支行

收款人户名：A 零件厂

收款人账号：62220021300318574535

收款人开户银行：建行天使路支行

币种　　　人民币（本位币）　　　　　金额（小写）：35 100.00

金额（大写）叁万伍仟壹佰元整

凭证种类　　　　　　　　　　　　凭证号码：

业务（产品）种类：商业承兑汇票付款　　摘要：货款

汇入行行名：中国建设银行天津市分行天使路支行

用途：货款

客户备注：

打印次数：　1　次　机打回单注意重复　打印日期：2015 – 08 – 31　打印柜员：02035

　　ASC 交通运输公司于 2015 年 8 月 1 日从 A 轮胎厂购入轮胎 50 条，每条 1 000 元，货款共计 50 000 元，增值税税款为 8 500 元，ASC 交通运输公司同时签发并承兑一张为期 1 个月、面值为 58 500 元带息的银行承兑汇票，年利率为 6%，轮胎已验收入库。编制记账凭证如下。

　　①购入轮胎时。

记 账 凭 证

2015 年 8 月 1 日   第 96 号

摘 要	总账科目	明细科目	借方金额 亿千百十万千百十元角分	贷方金额 亿千百十万千百十元角分	记账 (√)
购入轮胎	周转材料	轮胎	5 8 5 0 0 0 0		√
开出承兑汇票	应付票据			5 8 5 0 0 0 0	√
合 计			¥ 5 8 5 0 0 0 0	¥ 5 8 5 0 0 0 0	

附单据 3 张

会计主管：张腾　　记账：李辉　　出纳：王军　　复核：陈雪　　制单：单美

　　附单据 3 张：增值税普通发票 1 张，银行承兑汇票 1 张，产品入库单 1 张。

北京市增值税普通发票   No 432525226
发 票 联

开票日期：2015 年 8 月 1 日

购货单位	名　　　称：ASC 交通运输公司 纳税人识别号： 地　址、电话： 开户行及账号：					密码区	（略）	
货物及应税劳务名称	规格型号	单位	数量	单价	金额	税率	税额	
轮胎	9123	条	50	1 000.00	50 000.00	17%	8 500.00	
合　　计					¥50 000.00		¥ 8 500.00	
价税合计（大写）	⊗伍万捌仟伍佰元整					（小写）¥58 500.00		
销货单位	名　　　称：A 轮胎厂 纳税人识别号：441010902367899266 地　址、电话：天津市河北路 28 号 开户行及账号：建行和平路支行 62202031130589507					备注		

185

银行承兑汇票（存根）

出票日期

（大写）贰零壹伍年零捌月零壹日　　汇票号码：717306

付款人	全称	ASC 交通运输公司	收款人	全称	A 轮胎厂	
	账号	622700012345678		账号	62202031130589507	
	开户银行	建行建设路支行		开户银行	建行和平路支行	

出票金额	人民币（大写）伍万捌仟伍佰元整	亿	千	百	十	万	千	百	十	元	角	分
						¥	5	8	5	0	0	0	0

汇票到期日（大写）	贰零壹伍年零捌月叁拾壹日	付款人开户行	行号	6318
交易合同号码	5458		地址	天津市天河区建设路 3 号
备注：				

此联由出票人存查

入 库 单

供货单位：A 轮胎厂　　　　　　　　　　　　　　　　凭证编号：131

发票号码：432525226　　　　　2015 年 8 月 1 日　　　　收料仓库：C 仓库

材料编号	材料名称	规格	单位	数量		单价	金额
				应收	实收		
9530	轮胎	10cm×17.5cm	条	50	50	1 170	58 500.00
合　计				50	50		58 500.00

主管：　　　　　记账：　　　　　仓库保管：　　　　　经办人：

②月末计算应付利息。

记 账 凭 证

2015 年 8 月 31 日   第 97 号

| 摘 要 | 总账科目 | 明细科目 | 借方金额 | | | | | | | | | 贷方金额 | | | | | | | | | 记账 |
|---|---|---|亿|千|百|十|万|千|百|十|元|角|分|亿|千|百|十|万|千|百|十|元|角|分|(√) |

摘 要	总账科目	明细科目	亿	千	百	十	万	千	百	十	元	角	分	亿	千	百	十	万	千	百	十	元	角	分	(√)
月末计算利息	财务费用								2	9	2	5	0												√
	应付利息																		2	9	2	5	0		√
合计								¥	2	9	2	5	0						¥	2	9	2	5	0	

附单据 1 张

会计主管：张腾   记账：李辉   出纳：王军   复核：陈雪   制单：单美

附单据 1 张：利息计算表 1 张。

ASC 交通运输公司票据利息计算表

2015 年 8 月 31 日

票据类型	规格	票面金额	期限	票面利率	利息
银行承兑汇票	10cm×17.5cm	58 500.00	20150801 – 20150831	6%	292.50
合计		50 000.00			292.50

主管会计：   出纳：王军   复核：   制单：

③到期付款时。

记账凭证

2015 年 8 月 31 日　　　　　　　　　　　　第 98 号

摘要	总账科目	明细科目	借方金额 亿千百十万千百十元角分	贷方金额 亿千百十万千百十元角分	记账 (√)
到期付款	应付利息		2 9 2 5 0		√
	应付票据		5 8 5 0 0 0 0		√
	银行存款			5 8 7 9 2 5 0	√
合计			￥5 8 7 9 2 5 0	￥5 8 7 9 2 5 0	

会计主管：张腾　　记账：李辉　　出纳：王军　　复核：陈雪　　制单：单美

附单据 1 张

中国建设银行

回单编号：11271000002　　业务回单（付款）凭证

入账日期：2015 – 08 – 31
付款人户名：ASC 交通运输公司
付款人账号：622700012345678
付款人开户行/发报行：建行建设路支行
收款人户名：A 轮胎厂
收款人账号：62202031130589507
收款人开户银行：建行和平路支行
币种：　人民币（本位币）　　　　金额（小写）：58 792.50
金额（大写）伍万捌仟柒佰玖拾贰元伍角
凭证种类　　　　　　　　　　　　凭证号码：
业务（产品）种类：商业承兑汇票付款　　摘要：货款
汇入行行名：中国建设银行天津市分行和平路支行
用途：货款
客户备注：

打印次数：　1　次　机打回单注意重复　打印日期：2015 – 08 – 31　打印柜员：02035

3.3　应付账款

2015 年 8 月 5 日，ASC 交通运输公司从甲厂采购柴油 5 000 升，开出的增值税专用发票上注明的价款为 31 000 元，每升 6.2 元，增值税为 5 270 元，价税合计为 36 270 元。该批柴油已经运达入库，ASC 交通运输公司 2015 年 8 月 15 日以银行存款支付该笔款项。编制记账凭证如下。

①材料验收入库时。

记 账 凭 证

2015 年 8 月 5 日　　　　　　　　　　　第 99 号

摘　要	总账科目	明细科目	借方金额										贷方金额										记账
			亿	千	百	十	万	千	百	十	元	角	分	亿	千	百	十	万	千	百	十	元	角	分	(√)
购进柴油	周转材料	柴油					3	6	2	7	0	0	0												√
	应付账款	甲厂																3	6	2	7	0	0	0	√
	合计		¥	3	6	2	7	0	0	0				¥	3	6	2	7	0	0	0				

会计主管：张腾　　　记账：李辉　　　出纳：王军　　　复核：陈雪　　　制单：单美

附单据 2 张：增值税普通发票 1 张，产品入库单 1 张。

附单据 2 张

天津市增值税普通发票　No 432525227

发　票　联

开票日期：2015 年 8 月 5 日

购货单位	名　　称：ASC 交通运输公司 纳税人识别号： 地　址、电话： 开户行及账号：					密码区	（略）		
货物及应税劳务名称	规格型号	单位	数量	单价	金额		税率	税额	
柴油	0#	升	5 000	6.20	31 000.00		17%	5 270.00	
合　计					￥31 000.00			￥ 5 270.00	
价税合计（大写）	⊗叁万陆仟贰佰柒拾元整						（小写）￥36 270.00		
销货单位	名　　称：甲厂 纳税人识别号：441010902367899266 地　址、电话：天津市太和路 91 号 开户行及账号：工行天津白云支行　2962367780803					备注			

产成品入库单

2015 年 8 月 5 日

产品名称	规格型号	单位	数量	单位成本	金　额								备注
					十万	万	千	百	十	元	角	分	
柴油		升	5 000	7.254		3	6	2	7	0	0	0	
合计					￥	3	6	2	7	0	0	0	

验收：曹梨　　　　仓管员：王荔　　　　记账：　　　　制单：许诺

②2015 年 8 月 15 日，ASC 交通运输公司采用银行存款支付 36 270 元。编制记账凭证如下。

记 账 凭 证

2015 年 8 月 15 日　　　　　　　　第 100 号

摘　要	总账科目	明细科目	借方金额 亿千百十万千百十元角分										贷方金额 亿千百十万千百十元角分										记账 (√)
支付柴油款	应付账款	甲厂				3	6	2	7	0	0	0											√
		银行存款														3	6	2	7	0	0	0	√
合计					¥	3	6	2	7	0	0	0			¥	3	6	2	7	0	0	0	

附单据1张

会计主管：张腾　　　记账：李辉　　　出纳：王军　　　复核：陈雪　　　制单：单美

附单据 1 张：银行转账支票存根 1 张。

中国建设银行
转账支票存根 （津）

$\frac{B\ E}{0\ 2}$01358954

附加信息 _____

_____

_____

出票日期　2015 年 8 月 15 日

收款人：甲厂

金　额：¥36 270.00

用　途：支付货款

单位主管 张腾　　　会计 李辉

　　2015 年 8 月 8 日，ASC 交通运输公司向甲公司赊购一批原材料 A，取得的增值税专用发票上注明的价款为 30 000 元，增值税为 5 100 元，共计 35 100 元货款尚未支付，现金折扣条件是：1/10、N/20，材料已入库，若 ASC 交通运输公司采用总价法进行核算。编制记账凭证如下。

①原材料购入时。

记 账 凭 证

2015 年 8 月 8 日   第 101 号

摘　要	总账科目	明细科目	借方金额										贷方金额										记账
			亿	千	百	十	万	千	百	十	元	角	分	亿	千	百	十	万	千	百	十	元	角	分	(√)
赊购原材料	原材料	A材料				3	5	1	0	0	0	0													√
	应付账款	甲公司														3	5	1	0	0	0	0			√
合计					¥	3	5	1	0	0	0	0				¥	3	5	1	0	0	0	0		

会计主管：张腾   记账：李辉   出纳：王军   复核：陈雪   制单：单美

附单据2张：增值税普通发票1张，原材料入库单1张。

天津市增值税普通发票   No 432525229

发 票 联

开票日期：2015 年 8 月 8 日

购货单位	名　　称：ASC交通运输公司 纳税人识别号： 地址、电话： 开户行及账号：					密码区	（略）	
货物及应税劳务名称	规格型号	单位	数量	单价	金额	税率	税额	
A材料	2011	吨	1.5	20 000.00	30 000.00	17%	5 100.00	
合　计					¥30 000.00		¥ 5 100.00	
价税合计（大写）	⊗叁万伍仟壹佰元整					（小写）¥35 100.00		
销货单位	名　　称：甲厂 纳税人识别号：4410109023678992 66 地址、电话：天津市太和路28号 022－23257780 开户行及账号：工行天津白云支行　862360329					备注		

入 库 单

供货单位：甲公司   凭证编号：

发票号码：   2015 年 8 月 8 日   收料仓库：一仓库

材料编号	材料名称	规格	单位	数量		单价	金额
				应收	实收		
2011	A 材料		吨	1.5	1.5	23 400.00	35 100.00
合　计							35 100.00

主管：   记账：   仓库保管：   经办人：

②8 月 17 日，ASC 交通运输公司以银行存款支付所欠货款，并享受 1%的现金折扣。

记 账 凭 证

2015 年 8 月 17 日   第 102 号

摘　要	总账科目	明细科目	借方金额										贷方金额										记账
			亿	千	百	十	万	千	百	十	元	角	分	亿	千	百	十	万	千	百	十	元	角	分	(√)
支付上月欠款	应付账款				3	5	1	0	0	0	0													√
	银行存款															3	4	8	0	0	0	0	√
	财务费用																	3	0	0	0	0	√
合计				¥	3	5	1	0	0	0	0				¥	3	5	1	0	0	0	0		

附单据1张

会计主管：张腾   记账：李辉   出纳：王军   复核：陈雪   制单：单美

中国建设银行 （津）
转账支票存根

$\frac{B}{0}\frac{E}{2}$01358954

附加信息 ＿＿＿＿＿＿＿＿＿＿＿

＿＿＿＿＿＿＿＿＿＿＿＿＿＿＿＿

＿＿＿＿＿＿＿＿＿＿＿＿＿＿＿＿

出票日期　2015 年 8 月 17 日

| 收款人：甲公司 |
| 金　额：￥34 800.00 |
| 用　途：支付货款 |

单位主管 张腾　　　会计 李辉

3.4 预收款项

2015 年 8 月 9 日，ASC 交通运输公司收到 W 公司预付的运输款 10 000 元。12 日，ASC 交通运输公司向 W 公司提供运输服务，结算运输劳务款项共计 12 000 元。编制记账凭证如下。

①收到预付款时。

记 账 凭 证

2015 年 8 月 9 日　　　　　　　　　　第 103 号

摘　要	总账科目	明细科目	借方金额										贷方金额										记账
			亿	千	百	十	万	千	百	十	元	角	分	亿	千	百	十	万	千	百	十	元	角	分	(√)
收到预付款	银行存款					1	0	0	0	0	0	0													√
	预收账款	W 公司															1	0	0	0	0	0	0	√
合计					¥	1	0	0	0	0	0	0				¥	1	0	0	0	0	0	0	

会计主管：张腾　　　记账：李辉　　　出纳：王军　　　复核：陈雪　　　制单：单美

附单据 1 张：银行收款通知单 1 张。

中国建设银行　进账单（收账通知）

2015 年 8 月 9 日

<table>
<tr><td rowspan="3">出票人</td><td>全称</td><td>W 公司</td><td rowspan="3">收款人</td><td>全称</td><td colspan="11">ASC 交通运输公司</td></tr>
<tr><td>账号</td><td>62730856750492</td><td>账号</td><td colspan="11">622700012345678</td></tr>
<tr><td>开户银行</td><td>建行建设路支行</td><td>开户银行</td><td colspan="11">建行建设路支行</td></tr>
<tr><td rowspan="2" colspan="2">出票金额</td><td colspan="2" rowspan="2">人民币
（大写）壹万元整</td><td>亿</td><td>千</td><td>百</td><td>十</td><td>万</td><td>千</td><td>百</td><td>十</td><td>元</td><td>角</td><td>分</td></tr>
<tr><td></td><td></td><td></td><td></td><td>¥</td><td>1</td><td>0</td><td>0</td><td>0</td><td>0</td><td>0</td></tr>
<tr><td>票据种类</td><td>转账支票</td><td>票据张数</td><td colspan="2">1 张</td><td colspan="11" rowspan="3"></td></tr>
<tr><td>票据号码</td><td></td><td colspan="3"></td></tr>
<tr><td colspan="2">复核　　记账</td><td colspan="3">收款人开户行签章</td></tr>
</table>

②8 月 12 日，ASC 公司收到剩余货款时。

记 账 凭 证

2015 年 8 月 12 日　　　　　　　　　　　　　　　　**第 104 号**

摘　要	总账科目	明细科目	借方金额											贷方金额											记账
			亿	千	百	十	万	千	百	十	元	角	分	亿	千	百	十	万	千	百	十	元	角	分	(√)
收到剩余货款	预收账款	W 公司				1	0	0	0	0	0	0	0												√
	银行存款							2	0	0	0	0	0												√
	主营业务收入																1	2	0	0	0	0	0	0	√
合计				¥	1	2	0	0	0	0	0	0			¥	1	2	0	0	0	0	0	0		

会计主管：张腾　　记账：李辉　　出纳：王军　　复核：陈雪　　制单：单美

附单据 2 张

附单据 2 张：运输发票 1 张，银行收账通知单 1 张。

公路、内河货物运输业统一发票
记 账 联

发票代码 244000510267
发票号码：01446284

开票日期：2015 年 8 月 12 日

机打代码 机打号码 机器编号	244000510011 01446284	税控码			
收货人及 纳税人识别号	北京东方有限公司 110010545587632	承运人及 纳税人识别号	ASC 交通运输有限公司 441900263879397		
发货人及 纳税人识别码	W 公司 441900005476898	主管税务机关 及 代 码	＊＊市地方税务局通州税务分局 8669896		
运输项目及金额	货物名称 重量（数量）单位运价 计费里程 金额 材料 100 吨 120 12 000.00	其他项目及金额	费用名称	金额	备注 （手写无效） 起运地：北京 到达地：浙江 承运人盖章
运费小计	￥12 000.00	其他费用小计			
合计（大写）	壹万贰仟元整	（小写）￥12 000.00			

承运人盖章： 开票人：周一

第三联

记账联 收款方记账凭证

中国建设银行 进账单（收账通知）

2015 年 8 月 12 日

出票人	全称	W 公司	收款人	全称	ASC 交通运输公司										
	账号	622030907543218		账号	622700012345678										
	开户银行	建行建设路支行		开户银行	建行建设路支行										
出票金额	人民币 （大写）贰仟元整				亿	千	百	十	万	千	百	十	元	角	分
								￥	2	0	0	0	0	0	0
票据种类	转账支票	票据张数	1 张												
票据号码															
	复核 记账			收款人开户行签章											

此联是收款人开户银行交给收款人的收账通知

第 3 章 交通运输业负债的核算

197

3.5 应付职工薪酬

　　ASC 交通运输公司根据编制的 2015 年 8 月工资结算汇总表分配 8 月份工资费用。编制记账凭证如下。

记 账 凭 证

2015 年 8 月 31 日　　　　　　　　　　　　　　　第 105 号

摘　　要	总账科目	明细科目	借方金额												贷方金额												记账（√）
			亿	千	百	十	万	千	百	十	元	角	分	亿	千	百	十	万	千	百	十	元	角	分	
分配工资费用	主营业务成本					9	4	7	7	0	0	0														附单据1张
	管理费用					1	9	8	7	0	0	0														
	其他应收款					2	6	5	7	0	0	0														
	应付职工薪酬	工资														1	4	1	2	1	0	0	0		
合计				¥	1	4	1	2	1	0	0	0				¥	1	4	1	2	1	0	0	0	

会计主管：张腾　　记账：李辉　　出纳：王军　　复核：陈雪　　制单：单美

　　附单据 1 张：工资结算汇总表 1 张。

工资结算汇总表

2015 年 8 月

单位:元

部门及人员	工资标准	缺勤应扣工资		应发标准工资	工资性津贴和补贴		奖金	应发工资合计	非工资性津贴		住房公积金	代扣款项				实发金额
		病假工资	事假工资		副食品补贴	中夜班津贴			车贴	房贴		养老保险	医疗保险	失业保险	合计	
仓库人员工资	35 000	50	30	34 920			18 500	53 420	600	200	4 000	5 000	1 200	600	10 800	43 420
装卸人员工资	25 000	60	10	24 990			16 500	41 490	400	60	3 000	3 500	900	450	7 850	34 100
修理人员工资	15 000	60		14 940			5 060	20 000	300	60	1 200	1 400	360	150	3 110	17 250
交通运输管理人员工资	9 000		50	8 950			2 030	10 980	300	60	800	900	250	110	2 060	9 280
行政管理人员工资	10 000	60		9 940			3 040	12 980	300	60	1 000	1 300	300	150	2 750	10 590
工资合计	94 000	170	90	93 740			45 130	138 870	1 900	440	10 000	12 100	3 010	1 460	26 570	114 640

3.6 应交税费

ASC 交通运输公司 2015 年 8 月运营收入为 577 100 元，适用的营业税税率为 5%。关于该公司应交营业税应编制记账凭证如下。

记 账 凭 证

2015 年 8 月 31 日　　　　　　　　　　　　　　　第 106 号

摘要	总账科目	明细科目	借方金额										贷方金额										记账 (√)
			亿	千	百	十	万	千	百	十	元	角	分	亿	千	百	十	万	千	百	十	元	角	分	
计算应交营业税	营业税金及附加						2	8	8	5	5	0	0												√
	应交税费	应交营业税																2	8	8	5	5	0	0	√
合计				¥	2	8	8	5	5	0	0					¥	2	8	8	5	5	0	0		

会计主管：张腾　　　记账：李辉　　　出纳：王军　　　复核：陈雪　　　制单：单美

附单据 1 张：应交营业税费计算单 1 张。

应交营业税费计算单

2015 年 8 月 31 日

运营收入（元）	其他业务收入（元）	适用税率（％）	营业税额（元）
577 100		5	28 855.00
合　计			28 855.00

2015 年 8 月，ASC 交通运输公司依据实际应计提营业税 33 605 元，计提应交城市维护建设税，ASC 交通运输公司适用的城市维护建设税税率为 7％。ASC 交通运输公司应编制记账凭证如下。

记 账 凭 证

2015 年 8 月 31 日　　　　　　　　第 107 号

摘　要	总账科目	明细科目	借方金额 亿千百十万千百十元角分	贷方金额 亿千百十万千百十元角分	记账（√）
计算城建税	营业税金及附加		2 3 5 2 3 5		√
	应交税费	应交城市维护建设税		2 3 5 2 3 5	√
合计			￥2 3 5 2 3 5	￥2 3 5 2 3 5	

会计主管：张腾　　　记账：李辉　　　出纳：王军　　　复核：陈雪　　　制单：单美

附单据 1 张：城市维护建设税计算表 1 张。

城市维护建设税计算表

业务种类	计税金额	税率	应交金额（元）
	营业税	（费率）	
城市维护建设税	33 605.00	7%	2 352.35
合　计	33 605.00		2 352.35

财务主管：　　　　　审核：　　　　　制表：单美

　　2015 年 8 月 13 日，ASC 交通运输公司用银行存款上缴上月城市维护建设税 2 800 元。编制记账凭证如下。

记 账 凭 证

2015 年 8 月 13 日　　　　　　　　第 108 号

摘　要	总账科目	明细科目	借方金额 亿千百十万千百十元角分	贷方金额 亿千百十万千百十元角分	记账 （√）	
上交城建税	应交税费	应交城市维护建设税	2 8 0 0 0 0		√	附单据1张
		银行存款		2 8 0 0 0 0	√	
合计			￥2 8 0 0 0 0	￥2 8 0 0 0 0		

会计主管：张腾　　　记账：李辉　　　出纳：王军　　　复核：陈雪　　　制单：单美

　　附单据 1 张：电子缴税凭证 1 张。

电 子 缴 税 凭 证

填发日期：2015/08/13　　　　　　　　　电子税票号：3200610117682136

纳税人代码：19125687271	征收机关：中心国库
纳税人全称：ASC 交通运输公司	开户银行：建设银行建设路分行
缴款账号：4400177780805110298	国　　库：天津市地方税务局天河税务分局

税种（品目名称）	预算科目　预算级次	税款所属时期	实缴金额
城市维护建设税	2 800.00	20150701－20150731	2 800.00

金额合计	（大写）贰仟捌佰元整	￥2 800.00

备注	第 1 次补制。 此凭证不得用于收取现金，仅作纳税人电子转账缴税凭证。

主办：　　　　　　　复核：　　　　　　　经办：

　　2015 年 8 月，ASC 交通运输公司依据实际应计提营业税 33 605 元，计提应交教育费附加。ASC 交通运输公司适用的教育费附加征收率为 3%。ASC 交通运输公司应编制记账凭证如下。

记 账 凭 证

2015 年 8 月 31 日　　　　　　　　　　　　　　第 109 号

摘　要	总账科目	明细科目	借方金额 亿千百十万千百十元角分	贷方金额 亿千百十万千百十元角分	记账（√）
计算教育费附加	营业税金及附加		1 0 0 8 1 5		√
	应交税费	应交教育费附加		1 0 0 8 1 5	√
合计			￥1 0 0 8 1 5	￥1 0 0 8 1 5	

附单据1张

会计主管：张腾　　记账：李辉　　出纳：王军　　复核：陈雪　　制单：单美

附单据 1 张：教育费附加计算表 1 张。

教育费附加计算表

2015 年 8 月 1 日至 8 月 31 日   单位：元

业 务 种 类	计税金额		税率（费率）	应交金额（元）
		营业税		
教育费附加		33 605.00	3%	1 008.15
合 计		33 605.00		1 008.15

财务主管：   审核：   制表：单美

2015 年 8 月 13 日，ASC 交通运输公司以银行存款缴纳上月教育费附加 1 200 元，编制记账凭证如下。

记 账 凭 证

2015 年 8 月 13 日   第 110 号

摘 要	总账科目	明细科目	借方金额										贷方金额										记账（√）
			亿	千	百	十	万	千	百	十	元	角	分	亿	千	百	十	万	千	百	十	元	角	分	
上缴教育费附加	应交税费	应交教育费附加				1	2	0	0	0	0													√
		银行存款															1	2	0	0	0	0		√
合 计					¥	1	2	0	0	0	0					¥	1	2	0	0	0	0	

附单据 1 张

会计主管：张腾   记账：李辉   出纳：王军   复核：陈雪   制单：单美

附单据 1 张：电子缴税凭证 1 张。

电 子 缴 税 凭 证

填发日期：2015/08/13　　　　　　　　　　　　电子税票号：3200610117682136

纳税人代码：19125687271	征收机关：中心国库
纳税人全称：ASC 交通运输公司	开户银行：建设银行建设路分行
缴款账号：4400177780805110298	国　　库：天津市地方税务局天河税务分局

税种（品目名称）	预算科目　预算级次	税款所属时期	实缴金额
教育费附加	1 200.00	20150701 - 20150731	1 200.00
金额合计	（大写）壹仟贰佰元整		￥1 200.00
备注	第 1 次补制。 此凭证不得用于收取现金，仅作纳税人电子转账缴税凭证。		

主办：　　　　　　　复核：　　　　　　　经办：

　　2015 年 8 月，ASC 交通运输公司代扣员工个人所得税共计 5 000 元。有关 ASC 公司应交个人所得税编制记账凭证如下。

记 账 凭 证

2015 年 8 月 31 日　　　　　　　　第 111 号

摘　　要	总账科目	明细科目	借方金额 亿千百十万千百十元角分	贷方金额 亿千百十万千百十元角分	记账 （√）
应交个人所得税	应付职工薪酬	工资	5 0 0 0 0 0		√
	应交税费	应交个人所得税		5 0 0 0 0 0	√
合计			￥5 0 0 0 0 0	￥5 0 0 0 0 0	

会计主管：张腾　　记账：李辉　　出纳：王军　　复核：陈雪　　制单：单美

附单据 1 张：应交个人所得税税费计算表 1 张。

应交个人所得税税费计算表

2015 年 8 月 31 日

应纳税额（元）	税率（%）	应纳个人所得税额（元）
60 000.00	5	3 000.00
20 000.00	10	2 000.00
合计		5 000.00

3.7　其他应付款

2015 年 8 月 18 日，ASC 交通运输公司收到客户租用周转包装物的押金 4 000 元存入银行。编制记账凭证如下。

①收到包装物押金时。

记　账　凭　证

2015 年 8 月 18 日　　　　　　　　第 112 号

摘　　要	总账科目	明细科目	借方金额											贷方金额											记账 (√)
			亿	千	百	十	万	千	百	十	元	角	分	亿	千	百	十	万	千	百	十	元	角	分	
收到押金	银行存款						4	0	0	0	0	0													√
	其他应付款	万家公司																4	0	0	0	0	0		√
合　计				¥	4	0	0	0	0	0					¥	4	0	0	0	0	0				

附单据 1 张

会计主管：张腾　　　记账：李辉　　　出纳：王军　　　复核：陈雪　　　制单：单美

附单据 1 张：收款通知单 1 张。

中国建设银行　进账单（收账通知）

2015 年 8 月 18 日

出票人	全称	万家公司	收款人	全称	ASC 交通运输公司
	账号	62270030587685943		账号	622700012345678
	开户银行	建行建设路支行		开户银行	建行建设路支行

出票金额	人民币 （大写）肆仟元整	亿	千	百	十	万	千	百	十	元	角	分
							¥	4	0	0	0	0

票据种类	转账支票	票据张数	1 张
票据号码			

复核　　记账　　　　　　　　　　收款人开户行签章

此联是收款人开户银行交给收款人的收账通知

②2015 年 8 月 31 日收回包装物，退还押金时。

记账凭证

2015 年 8 月 31 日　　　　　　　　　　　　　　第 113 号

摘　要	总账科目	明细科目	借方金额											贷方金额											记账
			亿	千	百	十	万	千	百	十	元	角	分	亿	千	百	十	万	千	百	十	元	角	分	(√)
收回包装物	其他应付款	万家公司					4	0	0	0	0	0													√
退还押金	银行存款																	4	0	0	0	0	0		√
	合计				¥	4	0	0	0	0	0					¥	4	0	0	0	0	0				

附单据 2 张

会计主管：张腾　　　记账：李辉　　　出纳：王军　　　复核：陈雪　　　制单：单美

附单据 2 张：收款收据 1 张，银行转账支票存根 1 张。

交通运输会计全流程真账实操

收　据

2015 年 8 月 31 日　　　　　　　　　No：12330000

今收到 ASC 交通运输公司									
人民币（大写）肆仟元整		十	万	千	百	十	元	角	分
			￥	4	0	0	0	0	0
理由： 2015 年 8 月份租用包装物的押金 4 000 元		现金							
		支票号							
收款单位		财务负责人	张　鹏		收款人		赵　明		

中国建设银行　（津）
转账支票存根

$\dfrac{B\ E}{0\ 2}$ 01358971

附加信息 _____

_____

_____

出票日期　2015 年 8 月 31 日

收款人：万家公司
金　额：￥4 000.00
用　途：退还押金

单位主管　张腾　　　会计　李辉

第 4 章

交通运输业权益的核算

案例导入

奔腾交通运输公司拥有库存现金 5 000 元，银行存款 600 000 元，运输设备 2 000 000 元，仓库用房 1 000 000 元，银行借款 1 500 000 元，欠付工资 20 000 元，投资者投入资本 1 885 000 元，未分配利润 200 000 元。问题：说明上述具体项目所属的会计要素（资产类、负债类、所有者权益类），并指出各要素之间的关系。

对于上述问题的处理，通过本项目的学习，我们将会熟练掌握。

4.1 所有者权益概述

一、所有者权益的性质

所有者权益是指企业资产扣除负债后由所有者享有的剩余权益，即一个会计主体在一定时期所拥有或可控制的具有未来经济利益资源的净额。

企业必须拥有一定数量的资产，才能开展生产经营。企业取得资产的途径只有两种：一个是由投资者投资；另一个是由债权人提供。两者都向企业投入了资产，那么，投资者和债权人对于企业的资产以及运用资产所提取的经济利益就享有一种要求权，这种要求权被称为权益。属于投资者部分的权益，称为所有者权益；属于债权人部分的权益，称为债权人权益。

企业的所有者和债权人均是企业资金的提供者，因而所有者权益和负债（债权人权益）二者均是对企业资产的要求权，但二者之间又存在着明显的区别，如表 4-1 所示。

表 4 - 1　负债与所有者权益的区别

项　目	负　债	所有者权益
性质	债权人对企业全部资产的索偿权	企业投资者对企业净资产的索偿权
权限	债权人与企业只存在债权债务关系，它们无权参与企业的管理	所有者既对企业的资产享有所有权，同时又享有亲自管理企业或委托他人管理企业的权利
权益要求权	借款性质的负债不仅要还借贷本金，还要支付一定的利息，其他的负债则只需要支付债务额，不需追加利息支出	所有者权益（分红）的要求，其收益要视企业经营状况而定
资金成本	借款、债券的利息支出可以计入成本费用，税前扣除	分配给投资者的利润不能作为费用从收入中扣除，而应作为税后利润项目处理
偿付期	负债一般都有约定的偿付期	所有者权益则没有约定的偿付期
计量属性	每项负债都应有明确的计价方法，而且按其发生时所规定的方法单独计价	所有者权益则不能单独计价，它是企业资产总额扣除负债总额后的净资产

二、所有者权益的分类

所有者权益按其形成的来源不同，可分为投入资本和留存收益两种。

1. 投入资本

投入资本是指投资者投入企业的资本和投入企业资本本身的增值，它是所有者权益的主体。投入资本按其形成渠道不同，又可以分为实收资本（或股本）和资本公积（其中的股本或实收资本溢价）。

2. 留存收益

留存收益是指企业从历年实现的净利润中提取或形成的留存于企业的内部积累。它属于所有者权益，可以安排分配给所有者。但是，国家为了约束企业过量的分配，要求企业留有一定的积累，以利于企业持续经营和维护债权人权益。留存收益按其用途不同，又可以分为盈余公积和未分配利润。

4.2 实收资本的核算

实收资本是指企业按照章程规定或合同、协议约定，接受投资者投入企业的资本。我国目前实行注册资本制度，要求企业出资必须等于注册资本。企业实有资本比原注册资金数额增减超过 20% 时，应向原登记主管机关申请变更登记。

所谓注册资本，是指企业在设立时向工商行政管理部门登记的资本总额，也就是全部出资者设定的出资额之和。企业对资本的筹集，应该按照法律、法规、合同和章程的规定及时进行。如果是一次筹集的，投入资本应等于注册资本；如果是分期筹集的，在所有者最后一次缴入资本以后，投入资本应等于注册资本。注册资本是企业的法定资本，是企业承担民事责任的财力保证。

投资者对企业的投资，可以是货币，可以是食物，如原材料、汽车、机械设备、厂房，也可以是无形资产，如专利、商标等。对于投资者投入的资本，会计上主要通过开设"实收资本"账户进行核算。如投资者的投资额高于注册资本，则"实收资本"科目登记注册资本，高于注册资本的那部分投资则记入"资本公积"科目。

【例 4-1】奔腾交通运输公司注册成立，接受宇通公司投入现金 40 万元，款项已通过银行转入。

借：银行存款　　　　　　　　　　　　　　　　400 000
　　贷：实收资本——宇通公司　　　　　　　　　　400 000

【例 4-2】假设奔腾交通运输公司按法定程序减少注册资本 30 万元（其中宇通公司拥有 40% 的股份，C 公司拥有 60% 的股份），款项已通过银行存款支付。

  借：实收资本——宇通公司   120 000

      ——C公司   180 000

    贷：银行存款   300 000

  【例4-3】奔腾交通运输公司因发展需要，决定增加注册资本60万元（其中宇通公司认缴40%的资本，C公司认缴60%的资本），分别收到宇通公司和C公司的缴款28万元和42万元，款项通过开户银行转入奔腾交通运输公司的账户。

  借：银行存款   700 000

    贷：实收资本——宇通公司   240 000

        ——C公司   360 000

    资本公积——资本溢价   100 000

  【例4-4】奔腾交通运输公司投入不需要安装的设备一台，价款为26 000元，运杂费为400元，款项以银行存款支付。

  借：固定资产   26 400

    贷：实收资本   26 400

  "实收资本"是所有者权益账户，用以核算企业接受投资者投入的实收资本。企业接受投资者投入的资本时，计入贷方；企业按法定程序报经批准减少注册资本时，计入贷方；期末余额在贷方，表示企业实收资本总额。

小练习

实收资本和注册资本的区别是什么？

4.3 资本公积的核算

资本公积是指企业收到投资者出资额超出其在注册资本中所占份额的部分和直接计入所有者权益的利得和损失。它由资本溢价和其他资本公积两部分组成。

1. 资本溢价

资本溢价是指投资者缴付企业的出资额大于其在企业注册资本中所拥有份额的数额。股本溢价是指股份有限公司溢价发行股票时实际收到的款项超过股票面值总额的数额。

2. 接受捐赠非现金资产准备

接受捐赠非现金资产准备是指企业因接受非现金资产捐赠而增加的资本公积。接受捐赠资产是外部单位或个人赠与企业的资产。

3. 股权投资准备

股权投资准备是指企业对投资单位的长期股权投资采用权益法核算时，因被投资单位接受捐赠等原因增加资本公积，从而导致投资企业按其持股比例或投资比例计算而增加的资本公积。

4. 拨款转入

拨款转入指企业收到国家拨入的专门用于技术改造、技术研究等的拨款项目完成后，按规定转入资本公积的部分。

5. 外币资本折算差额

外币资本折算差额是指企业接受外币资本投资因所采用的汇率不同而产生资本折算差额时，在外币资本日的市场汇率与投资合同或协议约定的外币折算汇率不一致的情况下，按外币资本日的市场汇率折算为资产入账的价值，与按照约定汇率折算为实收资本入账的价值的差额。

6. 关联交易差价

关联交易差价是指上市公司与关联方之间显示公允的关联交易所形成的差价。

7. 其他资本公积

其他资本公积是指除上述各项资本公积以外所形成的资本公积，以及从资本公积各准备项目转入的金额。

【例4-5】奔腾交通运输公司接受某单位捐赠特种设备一套，原始价值为10 000元，经评估其价值为9 000元。

借：固定资产——设备	10 000
贷：资本公积——捐赠公积	9 000
累计折旧	1 000

【例4-6】奔腾交通运输公司接受捐赠转入的货物，专用发票上列明的价值为10 000元，增值税税额为1 700元。

借：库存商品	10 000
应交税费——应交增值税（进项税额）	1 700
贷：资本公积——捐赠公积	11 700

"资本公积"是所有者权益类账户，用以核算企业收到投资者出资额超出其在注册资本中所占份额的部分和直接计入所有者权益的利得和损失。该账户借方登记资产公积的减少额，贷方登记资本公积的增加额。期末余额在贷方，表示企业资本公积的结存数额。

4.4　留存收益的核算

留存收益来源于企业的资本增值，按其用途不同，可分为盈余公积和未分配利润。

1. 盈余公积的核算

盈余公积是指企业按照规定从净利润中提取的积累资金，它包括法定盈余公积和任意盈余公积。

法定盈余公积是指企业按照法律规定的比例从净利润中提取，以备需要时动用的资金。我国对法定盈余公积按净利润的 10% 提取。当提取的法定盈余公积超过注册资本的 50% 时，可以不再提取。

任意盈余公积是指企业经股东大会或者类似机构批准，按规定的比例从净利润中提取，以备需要时动用的资金。任意盈余公积必须在公司发放了优先股股利后才能提取。

企业在提取法定盈余公积和任意盈余公积时，借记"利润分配"账户；贷记"盈余公积"账户。

【例 4 - 7】奔腾交通运输公司全年实现净利润 400 000 元，按 10% 的比例提取法定盈余公积，按 8% 的比例提取任意盈余公积。

借：利润分配——提取法定盈余公积　　　　　　　　40 000

　　　　　　——提取任意盈余公积　　　　　　　　32 000

　　贷：盈余公积——法定盈余公积　　　　　　　　　　40 000

　　　　　　　　——任意盈余公积　　　　　　　　　　32 000

企业在以法定盈余公积或者任意盈余公积弥补亏损时，借记"盈余公积"账户；贷记"利润分配——盈余公积补亏"账户。

小活动

企业是否每年都要提取盈余公积呢?

2. 未分配利润的核算

未分配利润是企业留待以后年度进行分配的结存利润,也是企业所有者权益的组成部分。相对于所有者权益的其他部分来讲,企业对于未分配利润的使用分配有较大的自主权。从数量上来讲,未分配利润是期初未分配利润,加上本期实现的净利润,减去提取的各种盈余公积和分出利润后的余额。未分配利润有两层含义:一是留待以后年度处理的利润;二是未指定特定用途的利润。

该账户是通过设置"利润分配——未分配利润"账户核算的,该账户的贷方余额表示未分配利润,若该账户出现借方余额,则表示企业未弥补亏损。

小提示

所有者权益的核算是本节重点内容。

小资料

企业资金的筹集

资金筹集是指公司从各种不同的来源,用各种不同的方式筹集其生产经营过程中所需要的资金。这些资金由于来源与方式的不同,其筹集的条件、筹集的成本和筹集的风险也不同。因此,公司理财中对资金筹集管理的目标就是寻找、比较和选择对公司资金筹集条件最有利、资金筹集成本最低和资金筹集风险最小的资金来源。

资金筹集是企业财务活动的起点,筹资活动是企业生存、发展的基本前提,没有资金企业将难以生存,也不可能发展。俗话说:巧妇难为无米之炊。

一、企业筹集资金的动机和要求

（一）动机

（1）扩张：扩大规模。

（2）偿债。

（3）调整资金结构：降低资金成本和风险。

（4）混合动机：既要扩大规模，又要偿债。

（二）筹资原则

（1）规模适当原则：合理确定资金需求量，努力提高筹资效率。

（2）方式经济原则：研究投资方向，提高投资效果。

（3）筹措及时原则：适时取得资金来源，保证资金投放需要。

（4）资金结构合理原则：合理安排资本结构，保持适当的偿债能力，使风险小，成本低。

（5）来源合理原则：遵守国家有关法规，维护各方合法权益。

二、筹集资金的渠道

（1）国家财政资金：是国家对企业的直接投资或税前还贷、减免各种税款形成的。

（2）银行信贷资金：是银行对企业的各种贷款。

（3）非银行金融资金：是保险公司、证券公司、信托投资公司、租赁公司等提供的各种金融服务。

（4）其他企业资金：企业间相互投资、商业信用形成的债权、债务资金。

（5）居民个人资金：形成民间资金来源渠道。

（6）企业自留资金：企业内部形成的资金，如公积金和未分配利润。

（7）外商资金。

三、筹资方式

（1）吸收直接投资。

（2）发行股票。

（3）利用留存收益。

（4）向银行借款。

（5）利用商业信用。

（6）发行公司债券。

（7）融资租赁。

前三种方式会形成权益资金，后四种方式会形成负债资金。

小思考

了解企业筹集资金的动机、渠道以及方式。

知识结构图

所有者权益的核算
- 实收资本：是投资人作为资本投入到企业中的各种资产的价值，投资人向企业投入的资本，一般无须偿还，并可以长期周转使用。
- 资本公积：包括企业在筹集资本时，投资者缴付的出资额超过资本的差额（如股本溢价）、接受捐赠非现金资产准备、接受现金捐赠、股权投资准备、外币资本折算差额、关联交易差价、拨款转入、其他资本公积等。
- 盈余公积：是从企业税后利润中提取的。
- 未分配利润：年末剩余的净利润，没有分配完的部分。

第 5 章

交通运输业期间费用与利润核算

案例导入

江北交通运输公司 2015 年 12 月发生如下业务：

（1）1 日，以银行存款支付广告费 1 000 元。

（2）3 日，办公室主任李荣出差，借支 1 500 元作为差旅费。

（3）5 日，李荣出差回来报销 1 300 元，余款交回。

（4）6 日，收到罚款现金 3 000 元。

（5）10 日，为 A 公司提供运输服务，货款 50 000 元待收。

（6）10 日，领用燃料 18 000 元。

（7）30 日，计提短期借款利息 400 元。

（8）30 日，计提运输部人员工资 15 000 元，销售部业务员工资 6 000 元，行政管理部门工资 3 200 元。

（9）结转收入费用至本年利润。

（10）计提本月应交企业所得税（税率为 25%），并做结转企业所得税和本年利润的会计分录。

请编制会计分录，并结转本期收入费用至本年利润。

对于上述经济业务的会计处理，通过本项目的学习，我们将会熟练掌握。

5.1　期间费用

期间费用是指本期发生的、不能直接或间接归入某种产品成本的、直接计入损益的各项费用，包括销售费用、管理费用和财务费用。

一、销售费用

销售费用是指企业销售商品和材料、提供劳务的过程中发生的各种费用，包括保险费、包装费、展览费和广告费、商品维修费、预计产品质量保证损失、运输费、装卸费等以及为销售本企业商品而专设的销售机构（含销售网点、售后服务网点等）的职工薪酬、业务费、折旧费等费用。企业可按费用项目进行明细核算。

（1）企业在销售商品过程中发生的包装费、保险费、展览费和广告费、运输费、装卸费等费用，借记本科目，贷记"库存现金""银行存款"等科目。

（2）企业发生的为销售本企业商品而专设的销售机构的职工薪酬、业务费等经营费用，借记本科目，贷记"应付职工薪酬""银行存款""累计折旧"等科目。

（3）期末，应将本科目余额转入"本年利润"科目，结转后本科目无余额。

【例5-1】江东交通运输公司以银行存款支付本月广告费10 000元。编制会计分录。

借：销售费用——广告费   10 000
 贷：银行存款   10 000

【例5-2】江东交通运输公司8月末计提销售部人员工资30 000元。编制会计分录。

借：销售费用——工资   30 000
 贷：应付职工薪酬   30 000

【例5-3】江东交通运输公司8月末计提销售部固定资产折旧费20 000元。编制会计分录。

借：销售费用——折旧费   20 000
 贷：累计折旧   20 000

二、管理费用

管理费用是指企业为组织和管理企业生产经营所发生的管理费用，包括企业在筹建期间内发生的开办费、董事会和行政管理部门在企业的经营管理中发生的或者应由企业统一负担的公司经费（包括行政管理部门职工工资及福利费、物料消耗、低值易耗品摊销、办公费和差旅费等）、工会经费、董事会费（包括董事会成员津贴、会议费和差旅费等）、聘请中介机构费、咨询费（含顾问费）、诉讼费、业务招待费、房产税、车船税、土地使用税、印花税、技术转让费、矿产资源补偿费、研究费用、排污费等。企业可按费用项目进行明细核算。

（1）企业在筹建期间内发生的开办费，包括人员工资、办公费、培训费、差旅费、印刷费、注册登记费以及不计入固定资产成本的借款费用等在实际发生时，借记本科目（开办费），贷记"银行存款"等科目。

（2）行政管理部门人员的职工薪酬，借记本科目，贷记"应付职工薪酬"科目。

（3）行政管理部门计提的固定资产折旧，借记本科目，贷记"累计折旧"科目。

（4）应由企业统一负担的办公费、水电费、业务招待费、聘请中介机构费、咨询费、诉讼费、技术转让费、研究费用，借记本科目，贷记"银行存款""研发支出"等科目。

（5）按规定计算确定的应交矿产资源补偿费、房产税、车船税、土地使用税、印花税，借记本科目，贷记"应交税费""银行存款"科目。

（6）期末，应将本科目的余额转入"本年利润"科目，结转后本科目无余额。

【例5-4】江东交通运输公司以现金购入办公用品800元。编制会计分录。

借：管理费用——办公费   800
  贷：库存现金   800

【例 5 - 5】江东交通运输公司 8 月末计提行政管理部门人员工资 20 000 元、固定资产折旧 30 000 元。编制会计分录。

借：管理费用——工资　　　　　　　　　　20 000
　　　　　　——折旧费　　　　　　　　　30 000
　　贷：应付职工薪酬　　　　　　　　　　　　　20 000
　　　　累计折旧　　　　　　　　　　　　　　　30 000

小思考

汽车费用该计入管理费用还是销售费用呢？

三、财务费用

财务费用是指企业为筹集生产经营所需资金等而发生的筹资费用，包括利息支出（减利息收入）、汇兑损益以及相关的手续费、企业发生的现金折扣或收到的现金折扣等。

为购建或生产满足资本化条件的资产发生的应予以资本化的借款费用，在"在建工程""制造费用"等科目核算。企业可按费用项目进行明细核算。

（1）企业发生的财务费用，借记本科目，贷记"银行存款"科目。发生的应冲减财务费用的利息收入、汇兑损益、现金折扣，借记"银行存款""应付账款"等科目，贷记本科目。

（2）期末，应将本科目余额转入"本年利润"科目，结转后本科目无余额。

【例 5 - 6】江东交通运输公司 8 月份发生汇款手续费 300 元。编制会计分录。

借：财务费用——手续费　　　　　　　　　300
　　贷：银行存款　　　　　　　　　　　　　　　300

【例5－7】江东交通运输公司基本账户利息收入500元。编制会计分录。

借：银行存款   500

  贷：财务费用——利息收入   500

小提示：销售部门发生的费用计入销售费用，管理部门发生的费用计入管理费用，但是，财务部门发生的费用并不是计入财务费用，而是计入管理费用。

5.2 利润的核算

利润（或亏损）是企业在一定会计期间的经营成果，包括收入减去成本费用后的净额和直接计入当期利润的利得和损失。直接计入当期利润的利得和损失，是指应当计入当期损益、会导致所有者权益发生增减变动的、与所有者投入资本或者向所有者分配利润无关的利得或者损失。

交通运输业在提供运输、仓储、配送等劳务过程中取得的成果，是企业财务成果的主要组成部分，但不是全部。企业的经济活动除了提供劳务以外，还包括投资活动、筹集活动和其他一些活动。这些活动都可能给企业带来损益，影响企业的最终成果。根据我国《企业会计准则》的规定，企业的利润有营业利润、利润总额和净利润。

企业应当设置营业税金及附加、营业外收支、本年利润等科目，核算企业当期实现的净利润（或发生的净亏损）。

一、营业税金及附加

营业税金及附加是指企业经营活动发生的营业税、消费税、城市维护建设税、资源税和教育费附加等相关税费。房产税、车船税、土地使用税、印花税在"管理费用"科目核算，但与投资性房地产相关的房产税、土地使用税在本科目核算。

（1）企业按规定计算确定的与经营活动相关的税费，借记本科目，贷记"应交税费"科目。

（2）期末，应将本科目余额转入"本年利润"科目，结转后本科目无余额。

【例5-8】江东交通运输公司8月份营业额为10万元，按税法规定计算应交的营业税为 3 000 元，城市维护建设税为 210 元，教育费附加为 90 元。编制会计分录。

借：营业税金及附加 3 300

　　贷：应交税费——应交营业税 3 000

　　　　　——应交城市维护建设税 210

　　　　　——应交教育费附加 90

二、营业外收入

营业外收入是指交通运输业发生的与生产经营无直接关系的各项收入，主要包括非流动资产处置利得、非货币性资产交换利得、债务重组利得、政府补助、盘盈利得、捐赠利得等。

本科目可按营业外收入项目进行明细核算。

企业确认处置非流动资产利得、非货币性资产交换利得、债务重组利得，比照"固定资产清理""无形资产""原材料""库存商品""应付账款"等科目的相关规定进行处理。

期末，应将本科目余额转入"本年利润"科目，结转后本科目无余额。

【例 5 - 9】江东交通运输公司收到购货单位违约金 10 000 元，存入银行。编制会计分录。

借：银行存款 10 000

　　贷：营业外收入 10 000

【例 5 - 10】江东交通运输公司处置运输车辆一台，取得净收入 30 000元。编制会计分录。

借：固定资产清理 30 000

　　贷：营业外收入 30 000

三、营业外支出

营业外支出是指企业发生的与本企业生产经营无直接关系的各项支出，主要包括非流动资产处置损失、非货币性资产交换损失、债务重组损失、公益性捐赠支出、非正常损失、盘亏损失等。

本科目可按支出项目进行明细核算。

企业确认处置非流动资产损失、非货币性资产交换损失、债务重组损失，比照"固定资产清理""无形资产""原材料""库存商品""应付账款"等科目的相关规定进行处理。盘亏、毁损资产发生的净损失，按管理权限报经批准后，借记本科目，贷记"待处理财产损溢"科目。

期末，应将本科目余额转入"本年利润"科目，结转后本科目无余额。

【例5-11】江东交通运输公司因车辆违规行驶支付罚款2 000元。编制会计分录。

　　借：营业外支出　　　　　　　　　　　　　　　　2 000

　　　　贷：银行存款　　　　　　　　　　　　　　　　2 000

【例5-12】江东交通运输公司年终大盘点，盘亏一台设备，经批准将盘亏的设备转入营业外支出，总额为40 000元。编制会计分录。

　　借：营业外支出　　　　　　　　　　　　　　　　40 000

　　　　贷：待处理财产损溢　　　　　　　　　　　　　40 000

【例5-13】江东交通运输公司处置设备一台，发生净损失20 000元。编制会计分录。

　　借：营业外支出　　　　　　　　　　　　　　　　20 000

　　　　贷：固定资产清理　　　　　　　　　　　　　　20 000

四、所得税费用

所得税是根据企业应纳税所得额的一定比例计算上交的一种税金。所得税费用科目核算企业确认的应从当期利润总额中扣除的所得税费用。

期末，应将本科目的余额转入"本年利润"科目，结转后本科目无余额。

（一）所得税的计算

（1）应交所得税额＝应纳税所得额×所得税税率。

（2）应纳税所得额 = 税前会计利润 + 纳税调整增加额 − 纳税调整减少额。

纳税调整增加额主要包括税法规定允许扣除项目中，企业已计入当期费用但超过税法规定扣除标准的金额（如超过税法规定标准的工资支出、业务招待费支出等），以及企业已计入当期损失但税法规定不允许扣除项目的金额（如税收滞纳金、罚款、罚金等）。

纳税调整减少额主要包括按税法规定允许弥补的亏损和准予免税的项目，如前 5 年内的未弥补亏损和国债利息收入等。

（二）所得税费用的主要账务处理

资产负债表日，企业按照税法规定计算确定的当期应交所得税，借记本科目，贷记"应交税费——应交所得税"科目。

【例 5 – 14】江东交通运输公司 2015 年度按企业会计准则计算的税前会计利润为 197 000 元，所得税税率为 25%。当年按税法核定的全年计税工资为 20 000 元，公司全年实发工资为 22 000 元；经查，公司当年营业外支出中有 1 000 元为税款滞纳罚金。假定该公司全年无其他纳税调整因素。

解析：本例中，该公司有两项纳税调整因素，一是已计入当期费用但超过税法规定标准的工资支出；二是已计入当期营业外支出但按税法规定不允许扣除的税款滞纳金。这两个因素均应调整增加应纳税所得额。计算如下。

纳税调整数 = 22 000 − 20 000 + 1 000 = 3 000（元）

应纳税所得额 = 197 000 + 3 000 = 200 000（元）

应交所得税额 = 200 000 × 25% = 50 000（元）

会计分录如下。

借：所得税费用   50 000

    贷：应交税费——应交所得税   50 000

【例 5 – 15】江南仓储公司 2015 年全年利润（即税前会计利润）为

102 000 元，其中包括本年收到的国库券利息收入 20 000 元，所得税税率为 25%。假定该公司无其他纳税调整因素。

按照税法的有关规定，企业购买国库券的利息收入免交所得税，即在计算纳税所得时可将其扣除。该公司当期所得税的计算如下。

应纳税所得额 = 102 000 − 20 000 = 82 000（元）

当期应交所得税 = 82 000 × 25% = 20 500（元）

编制会计分录。

借：所得税费用   20 500

    贷：应交税费——应交所得税   20 500

小知识

所得税既是一个税种，又是一个会计科目。作为一个税种，包括企业所得税和个人所得税。而所得税费用是一个损益类会计科目，一般仅指企业所得税，而个人所得税因是代扣代缴，因此不计入企业的费用。

五、本年利润

本年利润是核算企业本年度实现的净利润（或发生的净亏损）。

会计期末结转本年利润的方法有表结法和账结法两种。

企业期（月）末结转利润时，应将各损益类科目的金额转入本科目，结平各损益类科目。贷方登记由"主营业务收入""其他业务收入""营业外收入"等账户转入的余额；借方由"主营业务成本""销售费用""管理费用""财务费用""其他业务成本""营业税金及附加""营业外支出"账户及"所得税费用"账户转入的余额。结转后本科目的贷方余额为当期实现的净利润；借方余额为当期发生的净亏损。

年度终了，应将本年收入和支出相抵后结出的本年实现的净利润，转入"利润分配"科目，借记本科目，贷记"利润分配——未分配利润"科目。如为净亏损做相反的会计分录。结转后本科目应无余额。

【例 5-16】江东交通运输公司于 2015 年 1 月 1 日开业，12 月损益类科目的年末余额如表 5 – 1（该公司年末一次结转损益类科目）所示。

表 5 – 1　损益类科目的年末余额表　　　　　单位：元

科目名称	结转前余额	
	借方	贷方
主营业务收入		250 000
主营业务成本	150 000	
销售费用	10 000	
营业税金及附加	7 500	
管理费用	40 000	
财务费用	3 000	
其他业务收入		100 000
其他业务成本	80 000	
投资收益		9 000
营业外收入		8 000
营业外支出	7 000	

有关的会计分录如下所示：

（1）结转各项收入与收益。

借：主营业务收入　　　　　　　　　　　　　　250 000

　　其他业务收入　　　　　　　　　　　　　　100 000

　　投资收益　　　　　　　　　　　　　　　　　9 000

　　营业外收入　　　　　　　　　　　　　　　　8 000

　　　贷：本年利润　　　　　　　　　　　　　　　　　367 000

（2）结转各项成本、费用或支出。

借：本年利润　　　　　　　　　　　　　　　　297 500

　　　贷：主营业务成本　　　　　　　　　　　　　　　150 000

　　　　　营业税金及附加　　　　　　　　　　　　　　　7 500

其他业务成本	80 000
销售费用	10 000
管理费用	40 000
财务费用	3 000
营业外支出	7 000

（3）经过上述结转后，"本年利润"科目的贷方发生额合计 367 000 元减去借方发生额合计 297 500 元即为税前会计利润 69 500 元。假设该公司无纳税调整事项，应纳税所得额即为 69 500 元，则应交所得税额 = $69\ 500 \times 25\% = 17\ 375$ 元。确认所得税费用会计分录如下。

借：所得税费用　　　　　　　　　　　　　　17 375

　　贷：应交税费——应交所得税　　　　　　　　　17 375

将所得税费用科目结转至本年利润。会计分录如下。

借：本年利润　　　　　　　　　　　　　　　17 375

　　贷：所得税费用　　　　　　　　　　　　　　17 375

5.3 利润分配的核算

一、利润分配的程序

企业在税前会计利润的基础上，经过纳税调整，计算并缴纳了所得税，从而确认了本年净利润。利润分配就是企业根据国家有关法规和投资者的决议，对企业净利润所进行的分配。企业的利润分配要按规定的程序和内容进行。

（一）提取法定盈余公积

法定盈余公积按照本年实现净利润的一定比例提取。公司制企业按公司法规定的净利润的 10% 提取；其他企业可以根据需要确定提取比例，但至少应按 10% 提取。企业提取的法定盈余公积累计额超过其注册资本 50% 以上的，可以不再提取。

（二）提取任意盈余公积

公司制企业提取法定盈余公积后，经过股东大会决议，可以提取任意盈余公积，其他企业也可提取任意盈余公积。任意盈余公积的提取比例由企业视情况而定。

（三）分配给投资者

企业提取法定盈余公积和任意盈余公积后，可以按规定向投资者分配利润。企业如果发生亏损，可以用以后年度实现的利润弥补，也可以用以前年度提取的盈余公积弥补。企业年度亏损未弥补完，不能提取盈余公积金。在提取法定盈余公积前，不得向投资者分配利润，公司当年无利润，不得分配股利，但在用盈余公积弥补亏损后，经股东会特别决议，可用盈余公积分配股利。在分配股利后，公司剩余的法定盈余公积不得低于注册资本的25%。

二、利润分配的核算

（1）企业应当设置利润分配科目，核算企业利润的分配（或亏损的弥补）和历年分配（或弥补）后的积存余额。

（2）本科目应当分别"提取法定盈余公积""提取任意盈余公积""应付现金股利或利润""转作股本的股利""盈余公积补亏"和"未分配利润"等进行明细核算。

（3）本科目年末余额，反映企业的未分配利润（或未弥补亏损）。

（4）主要账务处理。

①企业按规定提取的盈余公积，借记本科目（提取法定盈余公积、提取任意盈余公积），贷记"盈余公积——法定盈余公积、任意盈余公积"科目。

②经股东大会或类似机构决议，分配给股东或投资者的现金股利或利润，借记本科目（应付现金股利或利润），贷记"应付股利"科目。

③经股东大会或类似机构决议，分配给股东的股票股利，应在办理增资手续后，借记本科目（转作股本的股利），贷记"股本"科目。

④用盈余公积弥补亏损，借记"盈余公积——法定盈余公积或任意盈余公积"科目，贷记本科目（盈余公积补亏）。

⑤年度终了，企业应将本年实现的净利润，自"本年利润"科目转入本科目，借记"本年利润"科目，贷记本科目（未分配利润），为净亏损的做相反的会计分录；同时，将"利润分配"科目所属其他明细科目的余额转入本科目"未分配利润"明细科目。"未分配利润"明细账户，核算企业今年实现的净利润（或净亏损）、利润分配和尚未分配利润（或尚未弥补的亏损）。"未分配利润"明细账户核算企业全年实现的净利润（或净亏损），利润分配和尚未分配利润（或尚未弥补的亏损）。年度终了，企业将全年实现的净利润（或净亏损）自"本年利润"账户转入"未分配利润"明细账户；将"利润分配"账户下的其他明细账户的余额

转入"未分配利润"明细账户。结转后，除"利润分配"账户中的"未分配利润"明细账户外，其他明细账户无余额。年度终了，"利润分配"账户中的"未分配利润"明细账户如为贷方余额，反映企业历年积存的尚未分配的利润；如为借方余额，反映企业积累尚未弥补的亏损。

【例5-17】承［例5-16］江东交通运输公司本年利润科目年末余额为367 000-297 500-17 375=52 125元，转入利润分配科目，按10%提取法定盈余公积；按5%提取任意盈余公积；并分配给普通股股东现金股利10 000元。根据上述业务，可作如下会计分录处理。

（1）结转本年利润。编制会计分录。

借：本年利润　　　　　　　　　　　　　　52 125

　　贷：利润分配——未分配利润　　　　　　　　52 125

（2）提取法定盈余公积和任意盈余公积。编制会计分录。

借：利润分配——提取法定盈余公积　　　　5 212.5

　　　　　　——提取任意盈余公积　　　　2 602.25

　　贷：盈余公积——法定盈余公积　　　　　　5 212.5

　　　　　　　——任意盈余公积　　　　　　2 602.25

（3）分配现金股利。编制会计分录。

借：利润分配——应付现金股利　　　　　　10 000

　　贷：应付股利　　　　　　　　　　　　　　10 000

（4）结转利润分配账户中的明细账户。编制会计分录。

借：利润分配——未分配利润　　　　　　　17 814.75

　　贷：利润分配——提取法定盈余公积　　　　5 212.5

　　　　　　　——提取任意盈余公积　　　　2 602.25

　　　　　　　——应付现金股利　　　　　　10 000

小资料

张三是一家交通运输公司的老板，由于家庭需要便从公司提取了25

万元买车，但是汽车登记在他自己的名下。两个月后，税务机关查出这一账目，不允许税前扣除，企业不仅补交了所得税还被处罚。而同样是私企老板的赵于隆（化名）为了避免税费的缴纳，使用公司名义购买私人物品，不幸公司破产，私人物品也被用作公司财产偿还债务。

"公司财产也是我的财产，我为何不能动？"不少私企老板一谈到企业与老板个人应公私两分明都会如此反问。公私账目混乱的情况已是屡见不鲜。账目的混乱直接影响到企业财税规划，企业主只是企业法人代表，并不能因此将公司财产与个人家庭财产混为一谈。而事实上，科学的财务规划在某些业务环节更能合理避税。

①以财务准则与税法为纲。

在一些规模不大的私企里，往往没有自己的财务监管人员。企业主缺钱用便从公司账目上提取，甚至自己的配偶、子女也可随便从公司账目上提取现金用作个人消费支出，再列入公司账目"差旅费""管理费"等科目。看似方便、理所当然的做法，往往在被税务机关查出后，不仅企业得补交所得税，还需缴纳罚金，因为个人消费不能作为税前扣除，违反了税法的规定。

事实上，私营企业想要做大做强，除了和经营有关，和企业的财务管理制度也密不可分，往往现金流出现问题便有可能导致企业衰落。将公司和家庭的财务分开独立核算，具有两方面的功能：一方面，可以使得企业主家庭合理避税；另一方面，可以避免将家庭财务风险与企业财务危机交叉混合。

依税法规定，我国的个人独资企业和合伙企业的经营所得，比照个体工商户的生产、经营所得征收个人所得税。不少企业主将自己的开支都列在企业账目上，甚至买车买房都列入公司账目，但是这样做往往会得不偿失。

②公私分明还需加强老板的财务知识。

不少私营企业老板最匮乏的便是税务意识。在一些民营企业中，企业负责人仍然给自己支付极低的工资，而将个人和家庭开支记入公司管理成本中。"既然钱都是自己的，无论放在公司还是自己的账户里，都没有什么区别。"

在这些企业主的思想意识上，将个人生活开支计入企业成本及费用，不仅能减少个人所得税，还能抵减企业利润，从而减少企业所得税，正可谓"一举两得"。其实，他们并没有意识到问题的严重性。税务局已经明确将这类纳税档案归为"虚假申报"，属于偷漏税行为。一旦被税务稽查部门查出，轻则补税罚款，重则被判处刑罚（根据《刑法》规定，偷漏税行为最高刑罚为无期徒刑）。

由于财务知识的复杂性和财税政策的地方差异性，私企老板需要不断充实财务税务知识，也可通过专业的财务人员或者筹划机构对财务及税务进行规划，使得私企老板可以在增加企业收益和家庭财富间取得平衡点。也只有思想上有了这些认识，才能将公私分明的财务制度落实在实际行动上，而不会只停留在口头上、形式上。

③公私受益有技巧。

公司财产和个人消费支出有严格的区分。我们并不鼓励将个人消费列在公司支出中以逃避税收。事实上，在合法的前提下，也可以通过划分物品的使用权而增加企业主家庭的收入，从而减低总成本。同样，也可以利用资产的属性和特性来巧妙避税，从而增加公司实际资产。

要将企业财产和家庭财产分离，必然会涉及一些公私共用的物品。例如，一些企业主购置了房产后，将其中一部分作为办公用途。事实上，是公司在租赁企业主的物业。而部分企业主的私家车经常也用作办公用途，在某些情况下还需作为公司员工出差的交通工具。在这种情况下，企业主可以向企业收取一定的租赁费，例如，固定每月公司向企业主缴纳适当的租金。这一部分列入公司的费用支出，可以增加企业税前费用列支，减少税收；同时也可以增加企业主的家庭现金流。

另外，不少私营企业主也热衷于投资收藏品，例如器皿、字画等。这些竞拍所得的艺术品不是用于装点企业门面，便是用于搞企业博物馆，旨在提升企业的形象和品位。这些收藏品可以归结为企业的固定成本，每年提取折旧列入成本中，因为在我国的企业所得税法中并没有把收藏品排除在固定成本之外，只要符合"不属于生产、经营主要设施的物品，单位价值在 2 000 元以上，并且使用期限超过两年的，也应当作为固定资产"这一条例即可。收藏品作为固定资产，每年都得折旧，最终在账面上消耗为零资产，可是一般收藏品的价值只会往上攀升，甚至淘到好的收藏品还可以有大幅度的升值空间，从而也增加了公司的实际总资产。要使得公私两受益，不能厚此薄彼，但技巧的使用更需将合法性摆在首位。

知识结构图

交通运输业的期间费用和利润分配

期间费用
- 销售费用——销售费用的概念及核算。
- 管理费用——管理费用的概念及核算。
- 财务费用——财务费用的概念及核算。

利润分配
- 营业外收入——营业外收入的概念、内容及核算。
- 营业外支出——营业外支出的概念、内容及核算。
- 营业税金及附加——营业税金及附加的概念、内容及核算。
- 所得税费用——所得税的计算及账务处理。
- 本年利润——本年利润的概念、形成、内容及账务处理。
- 利润分配——利润分配的概念、顺序及账务处理。

第 6 章

交通运输业运输业务核算

案例导入

华海集团自建立以来，原材料运输一直由公司车队承担。车队有 26 名员工，18 辆大货车，附加修理厂，运输费用不少，效率却不高。由于运输不是集团的战略要点，华海集团决定将运输外包。于是公司开始逐渐将运输推向社会，先是面向社会公开竞价招标，年节约运输费 390 万元；然后又对运量相对集中的几条线路公开招标买断，吨公里运价由 0.44 元降到 0.2 元，前后节约支出 1 431 万元。

根据以上案例，分析其采用了何种降低运输成本的方式？还有哪些措施可以降低运输成本？

对于上述问题的处理，通过本项目的学习，我们将会熟练掌握。

6.1 运输业务概述

运输的作用是克服产品生产与需求之间存在的空间和时间上的差异。运输的基本职能是实现产品在空间位置上的移动，即产品的位置移动，从而对产品和服务进行增值，产生了交通运输活动的地点效用。这一效用是通过一系列交通运输服务活动进行的，使商品最终流入顾客手中，因此，运输业务是一个企业不可或缺的部分，其交通运输业务中产生的成本，在交通运输业的运作和发展中有着极其重要的作用。

一、运输业务与交通运输

运输是交通运输系统的核心功能，是物品借助于运力在空间上所发生的位置移动。具体来说，运输是使用运输工具对物品进行运送以实现交通运输的空间效果。

运输是现代交通运输的重要功能要素之一。它在交通运输系统中主要提供三大功能：物品转移功能、物品存储功能、物品配送功能。

物品转移是运输的主要功能，是物品在供应链中的移动。运输利用的是时间资源、财务资源和环境资源，只有当运输确实提高了物品价值时，这种物品转移才是有效的。运输过程利用的时间资源是各种供应链管理方法；运输过程用的财务资源，是指自营车队所必需的开支或者使用商业运输、公共运输所需的开支；运输还直接和间接地使用各种环境资源，如直接使用各种资源，间接造成交通拥挤和空气污染等现象。运输的主要目的就是以最少的时间、最佳的财务和环境资源成本，将物品从原产地转移到目的地；同时，物品移动时的物资损耗成本也必须较低。

在现代交通运输运作日益深化和成熟的过程中，作为连接生产与消费的流通配送活动，将物品的"配"和"送"进行了完美的结合。而在干线运输、支线运输和末线运输三种运输类型中，支线运输和末线运输已被演化成了配送运输，它将运输的物品转移和物品存储融为一体，进行生产节点与消费节点的瞬时连接，实现快速和即时配送，形成当代交通运输的物品运输网络，以维持交通运输系统的高效率、低成本的运作模式。正因为如此，企业目前越来越广泛地关注运输配送的运输形式。

运输业务的主要方式有汽车运输、铁路运输、水路运输、航空运输和管道运输。运输在整个交通运输中占有很重要的地位，运输总成本占交通运输总成本的35%~50%，占商品价格的4%~10%。运输业务对交通运输总成本的节约具有举足轻重的作用。

小思考

交通运输与运输的关系是什么？

二、运输业务中成本的构成

交通运输对于任何企业而言都是十分重要的，企业的整个价值链从采购到销售都依赖于交通运输的支持，也是企业费用主要的产生环节。它通过降低流通费用，缩短流通时间，可以整合企业价值链，延伸企业的控制能力，加快企业资金周转，为企业创造新的利润。因而不同的运输方式都会影响到交通运输业成本的高低，以及利润的高低。然而，单个企业独立解决交通运输环节的全过程是不可能的。首先是透支太高；其次也由于缺乏专业的经验而导致低服务水平和低服务效率，可能还导致低利用率，并降低企业经营灵活性，增加经营风险。因此，分工专业化也是现代交通运输体系的关键特征。

交通运输业成本是企业的交通运输系统为实现商品在空间、时间上的转移而发生的各种耗费的货币表现，具体包括订货费用、订货处理及信息费用、运输费用、包装费、搬运装卸费、进出库费用、储存费用、库存占用资金的利息、商品损耗、分拣、配货费用以及由于交货延误造成的缺货损失等。

不同的运输方式所包含的运输成本有不同的内容，但一般可以分为两个部分：直接营运成本和间接营运费用。直接营运成本是指与生产运输有直接关系的费用支出；间接营运费用是指企业行政管理部门为管理和组织营运生产活动而产生的各项费用，包括公司经费、工会经费、劳动保险费、财产和土地使用税、技术转让费、技术开发费等。除此之外，还包括企业为筹集资金而发生的各项费用，如利息支出、汇兑净损失、金融机构手续费等。

三、交通运输业成本核算应设置的账户

为了归集各项交通运输费用和核算各交通运输业成本项目的实际成本，交通运输业应设置相应的账户进行会计核算。按照交通运输业的特点和最新企业会计准则，交通运输业进行成本核算时应设置"主营业务成本"和"制造费用"账户。交通运输成本中的直接费用，发生时直接记入"主营业务成本"；交通运输成本中的间接费用，发生时先归集在"制造费用"这个过渡性的账户中，再按照各类间接费用分别确定一个合

适的分配基础，计算间接费用的分配率，根据此分配率记入"主营业务成本"。

"主营业务成本"账户用来归集核算企业对外提供交通运输劳务所发生的成本。企业发生的各项劳务成本，借记本账户，贷记"银行存款""应付职工薪酬""原材料"等会计账户。二级明细账户按照不同的劳务合同等成本计算对象进行设置。期末时将本账户的余额转入"本年利润"账户，结转后本账户无余额。

"制造费用"账户用来归集与分配在劳务提供过程中发生的不能直接计入单一合同成本的间接费用。发生间接费用时，借记"制造费用"，贷记"银行存款""应付职工薪酬""原材料""累计折旧"等账户；需分配时，按间接费用分配率，分配记入各项"主营业务成本"，借记"主营业务成本"，贷记"制造费用"。

6.2 汽车运输成本的核算

一、汽车运输成本的概念

运输成本是指在一定时期内为完成货物运输任务而提供一定数量的运输劳务所消耗的以货币形式表现的生产耗费。在运用汽车运输工具实现货物的位移过程中产生的全部耗费，包括车辆、装卸机械、燃料、轮胎、配件、工具等的价值耗费以及相当于职工工资部分的价值耗费，都是汽车运输成本的范畴。

汽车运输成本包括总成本和单位成本。汽车运输总成本是指汽车运输企业为完成一定运输工作量所支付的各种生产费用的综合。汽车运输单位成本是指分摊到单位产品（千吨公里）上的成本。

二、汽车运输成本的内容

汽车运输成本项目分为车辆直接费用和营运间接费用两大部分。具体内容如下。

（一）车辆直接费用

车辆直接费用是指可以直接计入车辆运营成本的成本项目。

（1）外购材料费。

（2）外购燃料费。

（3）外购动力费。

（4）外购低值易耗品。

（5）职工工资。

（6）职工福利费。

（7）固定资产折旧费。

（8）固定资产修理费。

（9）养路费。

（10）其他费用支出。

（二）营运间接费用

营运间接费用是运输企业下属的基层分公司、车队、车站发生的营运管理费用。

上述汽车运输成本按成本性质不同，还可以分为固定成本和变动成本。其中有一部分是随着运输距离、运输量的变动而变动的。这部分随着汽车运输距离和运量的变化而变化的成本称为变动成本。还有一部分成本在一定的运输距离和运量范围内不发生变化，即在一定的运输距离和运量范围内，成本不随运输距离和运量的变化而变化，这部分成本称为固定成本。具体可分为以下几类。

1. 固定成本

固定成本也称为甲类变动费用。这是在一定的产量范围内，与行驶里程和产量基本无关的那一部分相对固定的成本支出。如管理人员的工资及其提取的职工福利费、营运间接费用、管理费用、按规定比例提取的工会经费和其他费用。需要注意的是，固定成本不是绝对不变的，而是在一定范围内不变，但如果超过了或者突破了一定的范围，那么固定成本也将随之发生变化。

2. 车公里变动成本

车公里变动成本也称为乙类变动费用。这部分成本是指随着汽车运输距离的变动而变动的成本。例如，营运车耗用燃料、营运车装用轮胎、营运车维修费、按行驶里程计提的营运车辆折旧费等。这些成本费用，无论车辆是空驶或重载均会发生，而且随行驶里程变动而变动。

3. 吨公里变动成本

吨公里变动成本也称为丙类变动费用。这部分成本是指随着汽车运量的变动而变动的成本。例如，吨公里燃料附加、按营运收入和规定比例计算缴纳的养路费、运输管理费以及按周转量计算的行车补贴等。

需要注意的是，某项费用属于固定成本还是变动成本，与采用的费用核算方法有关。例如，营运车辆按生产法计提折旧时，其折旧费是变动成本；但按使用年限法计提折旧时，则属于固定成本。因此，固定成本和变动成本的划分不是绝对的。

小活动

调查自己身边关于汽车运输工具每天的损耗。

三、汽车运输成本的计算对象、成本计算单位、成本计算期和成本核算程序

（一）汽车运输成本计算对象

汽车运输企业的营运车辆其车型较为复杂。为了反映不同车型货车的运输经济效益，应以不同燃料和不同厂牌的营运车辆作为成本计算对象。对于以特种大型车、集装箱车、零担车、冷藏车、油罐车等从事运输活动的企业，还应以不同类型、不同用途的车辆，分别作为单独的成本计算对象。

（二）汽车运输成本计算单位

汽车运输成本计算单位，是以汽车运输工作量的计量单位为依据的。货物运输工作量，通常称为货物周转，其计量单位为"吨公里"，即实际运送的货物吨数与运距的乘积。为计量方便起见，通常以"千吨公里"作为成本计算单位。

大型车组的成本计算单位可为"千吨位小时"。集装箱车辆的成本计算单位为"千标准箱公里"。

集装箱以 20 英尺[①]为标准箱。小于 20 英尺箱的，每箱按一标准箱计

---

① 1 英尺 = 0.3048 米。

算；40 英尺箱或者其他大于 20 英尺箱的集装箱，每箱按 1.5 标准箱计算。

其他特种车辆，如零担车、冷藏车、油罐车等运输业务，其运输工作量仍以"千吨公里"为成本计算单位。

（三）汽车运输企业的成本计算期

汽车运输企业一般按月、季、年计算累计成本，一般不计算"在产品"成本。营运车辆在经营跨月运输业务时，一般以派出路单签发日期所归属的月份计算其运输成本。

（四）汽车运输成本核算程序

汽车运输企业完全成本的核算程序，主要是指成本的会计核算程序。具体如下。

（1）根据企业营运管理要求，确定成本计算对象、成本计算单位、成本项目和成本计算方法。

（2）根据费用支出和生产消耗的原始凭证，按照成本计算对象、费用类别和部门对营运费用进行归集、分配并编制各种费用汇总表，包括工资及职工福利费分配表、燃料和轮胎损耗汇总表、低值易耗品摊销表、固定资产折旧及大修理费用提存计算表、轮胎摊销分配表等。

（3）根据各种费用汇总表或者原始凭证，登记"辅助营运费用""营运间接费用"，以及"运输支出""装卸支出""其他业务成本"的明细分类账；并将辅助营运费用、营运间接费用按成本计算对象分配和结转记入"运输支出""其他业务成本"账户，确定各项业务应负担的费用，计算各种业务成本。

（4）企业根据车队、车站等所属单位上报的成本核算资料，汇总分配企业各项费用，编制企业成本计算表。

四、汽车运输成本的计算和核算

（一）直接人工的归集与分配

汽车运输企业直接人工中的工资，每月根据工资结算表进行汇总与分配。对于有固定车辆的司机和助手的工资，直接计入各自成本计算对象的成本；对于没有固定车辆的司机和助手的工资以及后备司机和助手的工资，则需按一定标准（一般为车辆的车日）分配计入各成本计算对象的成本。计算方法如下：

每一车日的工资分配额＝应分配的司机及助手工资的总额÷各车辆的总车日

营运车辆应分配的工资额＝每一车日的工资分配额×营运车辆的总车日

【例6-1】假设宏达交通运输公司下设车站、货运车队及保养场等营运生产单位。运输成本和保养场生产成本由公司集中核算。

2015年12月根据工资结算表等有关资料，编制工资及职工福利费汇总表，如表6-1所示。

表6-1　工资及职工福利费汇总表

编制单位：宏达交通运输公司　　　　　　　　　　　　　　　　2015年12月

部门及人员类别	工资总额	职工福利费（工资总额的14%）
南区营运车队	610 000	8 540
司机及助手	55 000	7 700
保修工人	2 000	280
管理人员	40 000	5 600
北区营运车队	710 000	9 940
司机及助手	63 000	8 820
保修工人	3 000	420
管理人员	50 000	7 000
保养场	30 000	4 200
生产工人	23 000	3 220
管理人员	7 000	980
车站人员	50 000	7 000
公司管理人员	15 000	2 100
医务福利人员	2 000	280
合计	184 000	25 760

根据工资及职工福利费汇总表（表6-1），作会计分录如下（本例假设营运间接费用不分各站、队核算，而后综合核算，统一分配）。

借：主营业务成本——运输支出——南车队（直接人工）

62 700

——南车队（保养修理费）

2 280

——北车队（直接人工）

71 820

——北车队（保养修理费）

3 420

主营业务成本——辅助营运费用 34 200

制造费用——营运间接费用（工资及福利费） 15 960

管理费用 19 380

贷：应付职工薪酬——工资 184 000

——福利费 25 760

（二）直接材料的归集与分配

1. 燃料

对于燃料消耗，企业应根据燃料领用凭证进行汇总与分配。但必须注意，在燃料采用满油箱制的情况下，车辆当月加油数就是当月耗用数；在燃料采用盘存制的情况下，当月燃料耗用数应按公式确定。

当月耗用数 = 月初车存数 + 本月领用数 - 月末车存数

【例6-2】假设宏达交通运输公司燃料耗用数采用盘存制计算。2015年12月，根据燃料领用凭证及车存燃料盘点表等有关资料，编制燃料（汽油）耗用计算汇总表，如表6-2所示。

表 6-2 燃料（汽油）耗用计算汇总表

领用单位	本月领用/L	期初存油/L	期末存油/L	本月耗用/L	计划成本（2.4 元/L）	成本差异（2%）
南区营运车队	54 000	3 000	1 000	56 000	134 400	2 688
北区营运车队	71 000	3 500	4 500	70 000	168 000	3 360
保养场	1 000			1 000	2 400	48
公司本部	2 000			2 000	4 800	96
合计	128 000	6 500	5 500	129 000	309 600	6 192

借：主营业务成本——运输支出——南车队（燃料）

　　　　　　　　　　　　　　　　134 400

　　　　　　　　——北车队（燃料）

　　　　　　　　　　　　　　　　168 000

　　主营业务成本——辅助营运费用　　2 400

　　管理费用　　　　　　　　　　　　4 800

　　贷：原材料——燃料　　　　　　　　　　309 600

借：主营业务成本——运输支出——南车队（燃料）2 688

　　　　　　　　——北车队（燃料）3 360

　　主营业务成本——辅助营运费用　　　　48

　　管理费用　　　　　　　　　　　　　　96

　　贷：材料成本差异——燃料　　　　　　　6 192

2. 轮胎

营运车辆领用轮胎内胎、垫带以及轮胎零星修补费等，一般根据轮胎领用汇总表及有关凭证，按实际数直接计入各成本计算对象的成本；至于领用外胎，其成本差异也直接计入各成本计算对象的成本。而其计划成本如何计入各成本计算对象的成本，则有不同的处理方法。当采用外胎价值一次摊销计入成本的办法时，应根据"轮胎发出汇总表"进行归集与分配；当发生外胎翻新费时，根据付款凭证直接（或通过预付账款）计入各成本计算对象的成本。当采用按行驶公里预提轮胎费用摊入成本的办法时，其成本（包括轮胎里程超、亏的费用调整）应根据"轮胎摊提率计算表"进行归集与分配；轮胎翻新费用包括在摊提率之内计算的，发生翻新费用时，实际翻新费用与计划翻新费用的差额，根据记账凭证所附原始凭证调整计入各成本计算对象的成本；轮胎翻新费用不包括在摊提率之内计算的，发生的轮胎翻新费用直接计入相应成本计算对象的成本。

【例6-3】假设宏达交通运输公司外胎采用按行驶公里预提轮胎费用摊入成本的方法。2015年12月份，有关业务的账务处理如下。根据胎卡记录、摊提率等有关资料，编制外胎摊提费计算表，如表6-3所示。

表6-3　外胎摊提费计算表

编制单位：宏达交通运输公司　　　　　　　　　　　　　　　2015年12月

领用单位	实际千胎公里	每车装胎	实际千胎公里	报废胎超、亏千胎公里	总千胎公里	千胎公里摊提额	摊提额
南区车队	210	6	1 260	-10	1 250	6.8	8 500
北区车队	250	6	1 500	20	1 520	6.8	10 336
公司本部	10	4	40		40	6	240
合计	470		2 800	10	2 810		19 076

根据外胎摊提费计算表（表6-3），作会计分录如下。

借：主营业务成本——运输支出——南车队（轮胎）　8 500

　　　　　　　　　　　　　　——北车队（轮胎）

　　　　　　　　　　　　　　　　　　　　　　10 336

　　管理费用　　　　　　　　　　　　　　　　240

　　贷：其他应付款——轮胎其他应付款　　　　19 076

【例6-4】假设根据领用外胎、内胎和垫带的凭证，编制轮胎领用汇总表，如表6-4所示。

表6-4　轮胎领用汇总表

单位：宏达交通运输公司　　　　　　　　　　　　　　　　2015年12月

领用单位	外胎		内胎		垫带		合计	
	计划成本	差异5%	计划成本	差异4%	计划成本	差异4%	计划成本	差异
南区车队	8 000	400	1 200	48	300	12	9 500	460
北区车队	12 000	600	1 800	72	200	8	14 000	680
合计	20 000	1 000	3 000	120	500	20	23 500	1 140

根据轮胎领用汇总表（表6-4），作会计分录如下。

借：主营业务成本——运输支出——南车队　　　　　8 000
　　　　　　　　　　　　　　——北车队　　　　　12 000
　　贷：原材料——轮胎　　　　　　　　　　　　　　　　　20 000
借：主营业务成本——运输支出——南车队（轮胎）　400
　　　　　　　　　　　　　　——北车队（轮胎）　600
　　贷：材料成本差异——轮胎　　　　　　　　　　　　　　1 000
借：主营业务成本——运输支出——南车队（轮胎）1 500
　　　　　　　　　　　　　　——北车队（轮胎）2 000
　　贷：原材料　　　　　　　　　　　　　　　　　　　　　3 500
借：主营业务成本——运输支出——南车队（轮胎）　60
　　　　　　　　　　　　　　——北车队（轮胎）　80
　　贷：材料成本差异——材料　　　　　　　　　　　　　　140

【例6-5】假设保养场分配转入轮胎零星补修费5 100元，其中南区车队2 000元，北区车队3 000元，公司本部100元。编制辅助营运费用分配表，如表6-5所示。

表 6-5　辅助营运费用分配表

编制单位：宏达交通运输公司　　　　　　　　　　　　2015 年 12 月

受益单位	车辆大修	轮胎零星修补	轮胎翻新	合计
南车队	20 900	2 000		22 900
北车队	31 600	3 000		34 600
公司本部		100		100
合计	52 500	5 100		57 600

根据辅助营运费用分配表（表 6-5），作会计分录如下。

借：主营业务成本——运输支出——南车队（轮胎）　2 000

　　　　　　　　　　　　——北车队（轮胎）　3 000

管理费用　　　　　　　　　　　　　　　　　　100

　贷：主营业务成本——辅助营运费用　　　　　　　5 100

【例 6-6】假设委托外单位翻新外胎，实际支付翻新费用 5 520 元。根据外胎费用摊提率计算资料及翻新费用有关凭证，编制外胎翻新费用差异计算表，如表 6-6 所示。

表 6-6　外胎翻新费用差异计算表

编制单位：宏达交通运输公司　　　　　　　　　　　　2015 年 12 月

领用单位	外胎规格	翻新数量	每胎次计划翻新费	计划翻新费	实际翻新费	差异
南车队	9-20	10	200	2 000	2 150	150
北车队	9-20	15	200	3 000	3 370	370
合计		25		5 000	5 520	520

根据外胎翻新费用差异计算表（表6-6），作会计分录如下。

借：其他应付款——轮胎其他应付款   5 000

     主营业务成本——运输支出——南车队（轮胎）   150

                     ——北车队（轮胎）   370

    贷：银行存款   5 520

3. 其他直接费用的归集与分配

（1）保养修理费。

交通运输企业车辆的各级保养和修理作业，分别由车队保修班和企业所属保养场（保修厂）进行。由车队保修班进行的各级保修和小修理的费用，包括车队保修工人的工资及职工福利费、行车耗用的机油、保修车辆耗用的燃料、润料和备品配件等，一般可以根据各项凭证汇总，全部直接计入各成本计算对象的成本。对于保修班发生的共同性费用，可按营运车日比例分配计入各车队运输成本。内保养场（保修厂）进行的保修主要是大修理所发生的费用，视同辅助生产费用，通过"辅助营运费用"二级账户进行归集与分配。

必须注意的是，由于营运车辆大修理一般数额较大，修理的间隔期也较长，为均衡损益，一般采用预提的办法。即根据大修理费计提额预提时，借记"主营业务成本——运输支出"账户，贷记"其他应付款"账户。发生与分配修理费时再借记"其他应付款"账户，贷记"银行存款"或"辅助营运费用"二级账户。大修理费月计提额计算公式如下：

车辆月大修理费计提额＝当月车辆行驶里程×大修理费月计提率

大修理费月计提率＝预计大修理费用总额÷车辆由新至废行驶里程定额

预计大修理费用总额＝预计大修理次数×一次大修理计划费用

预计大修理次数＝（车辆由新至废行驶里程定额÷大修理间隔里程定额）－1

上式中之所以要减1，是由于大修理次数比大修理间隔次数少1（因为最后一次时，车辆已报废，不必再修了）。

在实际工作中，车辆大修理费应按各车型当月行驶的千车公里数分别计提。其计算公式如下。

千车公里大修理费用计提额＝［（车辆由新至废行驶里程定额÷大修理间隔里程定额）－1］×一次大修理计划费用×1 000÷车辆由新至废行驶里程定额

【例6－7】设某型号货车由新至废行驶里程定额为800 000公里，大修理间隔里程定额为160 000公里，一次大修理计划费用为10 000元。则：

千车公里大修理费用计提额＝［（800 000÷160 000）－1］×10 000×1 000÷800 000＝50（元）

（2）折旧费。

交通运输企业计提固定资产折旧，可以采用平均年限法、工作量法、双倍余额递减法、年数总和法，但车辆的固定资产折旧一般采用工作量法计提。当采用工作量法时，由于外胎费用核算有两种不同的方法，所以车辆折旧的计算也有两种方法。如采用外胎价值一次摊销计入成本的方法计提折旧时，外胎价值不必从车辆原值中扣减；如采用按行驶胎公里预提外胎费用摊入成本的方法计算折旧时，外胎价值就应从车辆原值中扣减，否则会出现重复摊提的现象。折旧计算公式一般如下：

车辆月折旧额＝车辆折旧率×车辆月实际行驶里程

（3）养路费。

运输企业向公路管理部门缴纳的车辆养路费，一般按货车吨位数计算缴纳。因此，企业缴纳的车辆养路费可以根据缴款凭证直接计入各成本计算对象的成本及有关费用。

【例6－8】假设宏达交通运输公司2015年12月按规定缴纳的车辆养路费为134 840元，其中南车队为96 000元，北车队为35 000元，公务车为3 840元。根据缴款凭证，作会计分录如下。

借：主营业务成本——运输支出——南车队（养路费）

96 000

——北车队（养路费）

35 000

管理费用	3 840
贷：银行存款	134 840

（4）其他费用。

营运车辆发生的其他直接费用，除保养修理费、折旧费、养路费等项外，还包括其他几项有关费用，内容比较复杂，但费用发生时同样可以根据费用凭证直接计入各成本计算对象的成本中。

营运车辆的公路运输管理费，一般按运输收入的规定比例计算缴纳。因此，企业缴纳的车管费可以根据交款凭证直接计入各类运输成本。

营运车辆在营运中因各种行车事故所发生的修理费、救援和善后费用，以及支付外单位的医药费、丧葬费、生活费等支出，扣除向保险公司收回的赔偿收入及事故对方或过失人的赔偿后，净损失也可根据付款、收款凭证直接计入各类运输成本中。

（三）营运间接费用的归集与分配

1. 营运间接费用的归集

营运间接费用是指不能直接计入成本计算对象的各种间接费用，主要包括两项内容：车队管理费和车站经费，应通过"制造费用——营运间接费用"账户进行核算。企业如实行公司站、队两级核算体制，"营运间接费用"账户应按基层营运单位设置明细账，并按费用项目进行明细核算；如实行公司集中核算体制，也可不分单位设置明细账，而直接按费用项目进行明细核算。

2. 营运间接费用的分配

各基层营运单位发生的营运间接费用，经归集后应于月末分配计入各有关成本计算对象的成本。

实行公司站、队两级核算体制的运输企业，车站、军队、车队、装卸队等单位发生的营运间接费用（通称车站经费、车队经费），应分别设账归集分配。货车队经费，可以分别直接计入货车运输成本；装卸队经费可直接计入装卸成本；车站经费全部由运输业务负担，应分配计入货车运输成本，车站经费一般按照货车队营运车日的比例进行分配。其计算公式如下：

每营运日应分配车站经费 = 车站经费总额 ÷ 货车营运车日数

货车应分配车站经费 = 每营运车日应分配车站经费 × 货车营运车日数

实行公司集中核算体制的运输企业，各站、队发生的营运间接费用，装卸队应单独设账，车站、货车队则可以合并设账核算。如果企业同时经营运输业务和装卸业务，而装卸队经费又未单独设账核算，则营运间接费用应先在运输业务与装卸业务之间进行分配，其分配方法一般采用直接成本比例法。

五、汽车运输总成本和单位成本的计算

（一）汽车运输总成本的计算

汽车运输总成本是指成本计算期内，各运输成本计算对象的成本总额之和。计算公式如下：

汽车运输总成本 = ∑各成本计算对象成本

（二）汽车运输单位成本的计算

汽车运输单位成本是指成本计算期内，按成本计算对象完成单位运输周转量（千吨公里）的成本额。计算公式如下：

某运输企业计算对象的单位成本 = 运输总成本 ÷ 运输周转量（千吨公里）

6.3　船舶运输成本的核算

一、船舶运输业务

船舶运输业务按照运输距离的长短可分为两部分，一部分为沿海运输业务，另一部分为远洋运输业务。沿海运输业务是指海运企业营运船舶在近海航线上的运输业务，是往来于国内各沿海港口之间的业务。相对于远洋运输来说，沿海运输业务距离短和航行时间较短，一般数日就可以到达目的港或者完成往返运输业务；船舶载重量不大，一般不超过数千吨。

远洋运输业务是指国际航线运输业务。船舶承担国际航运任务，运输距离长，航行时间长，有时需要数月的时间才能到达目的港，往往是载重量较大吨位的船舶，吨位常在万吨以上。

二、船舶运输业务成本

相对于其他运输方式而言，船舶运输的运输量大、成本较低，但是费用内容多，如船舶在港口所发生的港口使用费、代理费等。因此，船舶运输企业一般按单船归集船舶营运费用来计算货运成本。海运企业的运输船舶从事非运输工作，如船舶临时出租、对遇难船舶的施救。这些非运输工作属于其他业务，所发生的船舶费用，应在计算船舶运输成本时予以扣除。

承担沿海运输业务的船舶进出国内港口时，应按照规定向港口支付港口使用费。远洋运输船舶进出国内外港口，除了要支付相应的港口使用费之外，还要支付相应的代理费用，这是因为船舶在国外港口的业务都是通过当地港口代理商进行的。另外，船舶通过海峡要支付海峡通行费,通过运河则要支付运河费和一定的管理费用。其成本内容与沿海运输船舶有着明显的差异。

三、沿海运输业务和远洋运输业务在成本计算上的差异

1. 成本计算周期不同

沿海运输业务按月计算成本。如果有跨月未完成的运输业务,通常计入下一个月。远洋运输业务则按照航次计算成本,因为远洋运输业务的距离远且时间长,经常会出现数月才能完成运输任务的情况。远洋运输业务一般按照航次计算已完成的运输业务成本。如果有未完航次,则直到航次结束时才计算相应的航次成本。

2. 固定费用计入成本的方法不同

远洋运输业务成本计算在划分直接费用与间接费用时,凡能明确由航次负担的费用,称为航次直接费用,可直接计入航次成本;不能明确由航次负担的费用,称为航次间接费用,需要按一定的分配方法计入航次成本。

沿海运输业务成本按月计算成本,航次运输费用和船舶固定费用都作为运输的直接费用。

3. 未达应付账项数额相差显著

远洋运输业务由于航行国外航线,船舶在国外港口所发生的各种港口使用费以及代理费用的代垫支出,不能及时报账。在年终计算成本时往往发生巨额的未达应付账单,必须专门处理,否则会影响企业的成本水平和利润水平。

4. 成本构成项目不同

远洋运输成本的构成不同于沿海运输成本,如港口费、工资包含的内容不同,航次运行费用组成的项目也不同。

四、船舶运输成本项目

根据财务制度的规定,船舶运输成本分为船舶费用和营运间接费用两类。对于租船和使用集装箱运输的企业,还包括船舶租费和集装箱固

定费用。因此，船舶费用是指运输船舶从事运输业务所发生的各项费用。主要包括以下内容。

（一）航次运行费用

航次运行费用是指船舶在运行过程中可以直接归属于航次负担的费用，主要包括以下费用：

（1）燃料费。

（2）港口费。

（3）货物费。

（4）中转费。

（5）垫隔材料费。

（6）速遣费。

（7）事故损失费。

（8）航次其他费用。

（二）船舶固定费用

船舶固定费用是指为保持船舶适航状态所发生的经常性维护费用。这些费用不能直接归属于某一航次负担，但可以按单船进行归集，主要包括以下内容：

（1）船员工资、福利费。

（2）船舶折旧费。

（3）船舶修理费。

（4）润料。

（5）船舶材料费。

（6）船舶保险费。

（7）车船使用费。

（8）船舶非营运期费用。

（9）船舶共同费用。

（10）其他船舶固定费用。

（三）船舶租费

船舶租费是指企业租入运输船舶参加营运，按规定应列入成本的期租费或程租费。

（四）集装箱固定费用

集装箱固定费用是指保证集装箱的良好使用状态所发生的经营费用，主要包括以下内容：

（1）空箱保管费。

（2）折旧费。

（3）修理费。

（4）保险费。

（5）租赁费。

（6）底盘车费用。

（7）其他。

（五）营运间接费用

营运间接费用是指企业在营运过程中，所发生的不能直接计入运输成本核算对象的各种间接费用。

五、船舶运输成本的计算方法

（一）单船运输成本

单船运输成本指某船舶在一定时期内完成运输任务的运输总成本。单船运输单位成本的计算，可以是包括船舶费用和营运间接费用的完全成本，也可以是不包括营运间接费用的不完全成本。在计算单船成本时，以每艘船为成本计算对象，船舶耗费的直接费用，如船舶租赁、集装箱固定费用等，直接计入运输成本；企业发生的营运间接费用，按"艘天数"或"吨天数"分配计入单船运输成本。单船运输单位成本的计算公式如下：

单船运输单位成本 =（船舶费用 + 船舶租赁 + 集装箱固定费用 + 分摊的营运间接费用）÷周转量（千吨公里）

（二）类型船运输成本

类型船运输成本是以某一类型船舶为成本计算对象。计算公式如下：

$$类型船运输成本 = 类型船船舶费用 + 分摊的营运间接费用$$

$$单船运输成本 = 类型船运输成本 \div 该类型船数量$$

（三）航线运输成本

航线运输成本是指航运企业的某一具体航线在一定期间的船舶运输成本。因航线固定，成本计算单位可以是"吨"或者"千吨"。计算公式如下：

$$航线运输总成本 = \sum 各航次运输成本$$

$$航次运输成本 = 该航次发生的船舶费用 + 船舶租赁 + 集装箱固定费用 + 该航次分摊的营运间接费用$$

六、船舶费用的归集与计算

（一）航次运行费用的归集与计算

船舶运输所发生的航次运行费用，应根据原始凭证或费用计算表编制记账凭证，分别按不同的成本计算对象，直接记入"运输支出"科目的明细分类账的有关项目。按单船核算成本的企业，直接列入各船月度成本；按航次核算成本的企业，直接列入各船的航次成本。

（二）船舶固定费用的计算

1. 船舶共同费用的计算

船舶共同费用是指应由企业所有船舶共同负担，需要经过分配再由各船负担的船员费用和船舶业务费用。

$$船舶共同费用分配率 = 共同费用耗费 \div 该月所有船舶航行艘天数（吨天数）$$

$$某船应负担的船舶共同费用 = 该船该月航行艘天数（吨天数）\times 船舶共同费用分配率$$

2. 船舶非营运间接费用的计算

船舶非营运间接费用是指船舶在非营运期间所发生的费用。船舶非营运期是指船舶由于技术状况不良不能从事运输生产工作的时间，包括船舶修理时间、等待修理时间、等待报废时间以及专为修理前往船厂和离开船厂的时间等。计算公式如下：

船舶非营运期费用＝直接归集的船舶非营运期费用＋非营运期应分摊的船舶固定费用

其中，非营运期应分摊的船舶固定费用按船舶营运总时间来分摊。

非营运期费用分配率＝船舶固定费用÷船舶营运总时间

船舶营运总时间＝营运天数＋非营运天数

非营运期应分摊的船舶固定费用＝非营运天数×非营运期费用分配率

3. 各航次船舶固定费用的计算

各航次船舶固定费用分配率＝该船该月的船舶固定费用÷该船该月营运天数

该船该航次应负担的船舶固定费用＝该船该航次营运天数×航次船舶固定费用分配率

（三）营运间接费用的归集与分配

1. 按船舶费用的比例分配

如计算单船的完全成本，则需要分别按船舶进行分配；如按船型计算费用成本时，则应分别按船型分配。计算公式如下：

营运间接费用分配率＝运输业务应负担的营运间接费用÷∑运输船舶的船舶费用和集装箱固定费用

单船（船型）负担的营运间接费用＝营运间接费用分配率×单船（船型）船舶费用和集装箱固定费用

2. 按船舶营运吨天分配

每营运吨天营运间接费用＝运输业务应负担的营运间接费用÷∑船舶营运吨天

七、船舶运输总成本和单位成本的计算

（一）沿海运输总成本和单位成本的计算

货运总成本＝船舶费用－运输无关费用＋船舶租费＋集装箱固定费用＋营运间接费用－未完航次成本＋以前年度支出

货运单位成本＝货运总成本÷货运周转量（千吨公里）

（二）远洋运输总成本和单位成本的计算

某船已完航次总成本＝该船前期未完航次成本＋该船本期发生的航次运行费＋本期分配的船舶固定费用＋本期分配集装箱固定费用＋本期分配的营运间接费用

某船已完航次单位成本＝该船已完航次总成本÷货运周转量（千吨公里）

小提示

这部分内容比较抽象，学习的过程中要假设自己身临其境。如果自己是船舶运输业的骨干，面对这样的成本计算你需要怎么做？

6.4　运输收入的核算

一、交通运输业收入的概念和种类

（一）收入的概念

交通运输业收入是企业在日常活动中形成的、会导致所有者权益增加的、与所有者投入资本无关的经济利益的总流入。一般有如下几个特征：

（1）收入是在日常经营活动中形成的。所谓日常经营活动，是指与企业经营业务有关的经济活动。

（2）收入会导致经济利益的流入，该流入不包括所有者投入的资本。

（3）收入最终会导致所有者权益增加。

（4）收入只包括本企业经济利益的流入，不包括为第三方或者客户代收的款项。

（二）收入的分类

收入按交通运输业经营业务的主次可以分为主营业务收入和其他业务收入两大类。

1. 主营业务收入

主营业务收入是指一定时期内，企业通过交通运输业务活动得到的收入，包括运输、储存、装卸、搬运、包装、流通加工、配送、信息等业务取得的收入总额。

2. 其他业务收入

交通运输业的其他业务收入是指企业从事主营业务收入以外的其他

经营活动所实现的收入。其他业务收入属于企业日常活动中次要交易实现的收入。

二、交通运输业收入的确认

收入的确认主要解决收入在何时入账，并在利润表上反映的问题。

（一）提供劳务收入的确认

1. 提供劳务交易的结果能够可靠计量时，劳务收入的确认和计量

（1）收入的金额能够可靠地计量。

（2）相关的经济利益很可能流入企业。

（3）交易的完工进度能够可靠地确认。

（4）交易中已发生和将发生的成本能够可靠地计量。

2. 提供劳务交易的结果不能可靠计量时，劳务收入的确认

（1）已经发生的劳务成本预计能够得到补偿的，按照已经发生的劳务成本金额确认提供劳务收入，并按相同金额结转劳务成本。

（2）已经发生的劳务成本预计部分能够得到补偿的，应按能够得到补偿劳务成本金额确认提供劳务收入，并结转已发生的劳务成本。

（3）已经发生的劳务成本预计全部不能得到补偿的，应将已经发生的劳务成本计入当期损益，不确认提供劳务收入。

（二）让渡资产使用权形成的收入确认

让渡资产使用权形成的收入，主要包括利息收入，以及因他人使用本企业的无形资产等收取的使用费收入。

让渡资产使用权形成的收入，只要符合以下两个条件，就可以确认：

（1）相关的经济利益很可能流入企业。

（2）收入的金额能够可靠地计量。

小思考

如果出售交通运输业的运输工具，是否作为收入处理呢？

三、交通运输业收入的结算

交通运输业之间或与其他单位之间发生的货币收付业务，一般通过银行办理转账结算。转账结算就是指收付款双方通过银行以划拨清算的方式，把款项从付款单位存款户转入收款单位存款户。

我国现行的结算方式主要有支票、汇兑、委托收款、托收承付、银行汇票、商业汇票、银行本票和信用卡这 8 种具有代表性的结算工具，另外还有信用证结算等。每一种方式都有自身的特点，支票、本票适合在同城地用。采用支票、本票结算方式，当交通运输业收到支票或本票时，其账务处理为借记"银行存款"，贷记"主营业务收入"。

四、交通运输业收入的核算

交通运输业通过经营活动取得收入，用于补偿经营过程的各种耗费，以保证经营过程的顺利进行。如前所述，交通运输收入可根据其在企业经营业务中的主次，划分为主营业务收入与其他业务收入。与此相对应，对收入的记录是通过两个账户来进行的，一是"主营业务收入"账户，二是"其他业务收入"账户。作为收入类账户，实现收入时记入贷方，发生营业折扣都作为冲减营业收入来处理。其中，"主营业务收入"账户下可按运输收入、装卸收入、代理业务收入、港务管理收入和堆存收入等进行明细核算。月末，应将这两个账户的余额转入"本年利润"账户，结转后这两个账户均无余额。

交通运输业取得收入时，除了应设置"主营业务收入"和"其他业务收入"账户外，根据交通运输业业务特点和收入结算方式不同，还应设立"应收账款""应收票据""预收账款"和"其他应收款"等账户。

下面具体说明营运收入的核算及相关账户的运用。

（一）一般提供劳务业务时收入的核算

交通运输业发生的符合收入确认条件的劳务活动，应按实际收到或应收的价款，借记"银行存款""应收账款""应收票据"等账户；按实现的营业收入，贷记"主营业务收入"账户。

【例6-9】申通交通运输公司从事货物运输业务取得收入60 000元，从事港口装卸业务取得收入20 000元，从事仓库、堆场的货物存储业务取得收入30 000元，营业款项均已存入银行。

借：银行存款　　　　　　　　　　　　　　　　110 000

　　贷：主营业务收入——运输收入　　　　　　　60 000

　　　　　　　　　　——装卸收入　　　　　　　20 000

　　　　　　　　　　——堆存收入　　　　　　　30 000

【例6-10】申通交通运输公司发生了下列经济业务。

（1）因承担为甲企业交通运输的任务，于2015年3月29日收到甲企业签发并承兑的一张期限为6个月的商业承兑汇票，面值为18 000元。

借：应收票据——甲企业　　　　　　　　　　　18 000

　　贷：主营业务收入——运输收入　　　　　　　18 000

（2）6个月后，申通交通运输公司收到应收票据款18 000元存入银行。

借：银行存款　　　　　　　　　　　　　　　　18 000

　　贷：应收票据——甲企业　　　　　　　　　　18 000

（3）假设申通交通运输公司于2015年5月8日将持有的汇票到银行贴现，银行年贴现率为12%。

对于这一笔业务的核算，首先要弄清什么是贴现。所谓票据贴现，是指票据持有人在票据未到期前为获得现金向银行贴付一定利息而发生的票据转让行为。票据贴现后的金额，即企业贴现票据而实际收到的款项，要按票面金额扣除贴现日至汇票到期前一日的利息计算。公式如下：

贴现息＝票面金额×日贴现率×贴现天数

贴现所得金额＝票面金额－贴现息

票据的期限用月或者日表示，为计算方便常把一年定为360天，一个月定为30天。在计算票据到期日时，如果票据期限按月表示，不考虑各月份的实际天数是多少，应以到期月份中与出票日相同的那一天为到期日。票据期限按日表示时，票据期限不考虑月数，统一按实际月历天数计算。对于签发承兑日和到期日这两天中，只计算其中一天，即"算头不算尾"或者"算尾不算头"。据此，上例的票据贴现金额计算如下：

因出票日为 3 月 29 日，到期日为 9 月 29 日，其贴现天数为 144 天（24 + 30 + 31 + 31 + 29 − 1）。

贴现息 = 18 000 × 12% ÷ 360 × 144 = 864（元）

贴现所得金额 = 18 000 − 864 = 17 136（元）

编制会计分录如下。

借：银行存款　　　　　　　　　　　　　　　　17 136

　　财务费用　　　　　　　　　　　　　　　　864

　　贷：应收票据——甲企业　　　　　　　　　　　　18 000

【例 6 − 11】申通交通运输公司发生下列业务。

（1）2014 年 5 月 30 日，为乙企业提供运输劳务，根据运费清单运输收入为 8 000 元，未收到款项。

借：应收账款——乙企业　　　　　　　　　　　8 000

　　贷：主营业务收入——运输收入　　　　　　　　　8 000

（2）2015 年 2 月，公司因乙企业无力支付款项而确认前笔应收账款为坏账，经批准作为坏账损失处理。

该笔经济业务中所谓的"坏账"，即应收款项减值，是指无法收回的应收款项。由于发生坏账而使企业遭受的损失，称为"坏账损失"。企业采用备抵法对坏账损失进行核算。核算时需设置"坏账准备"账户和"资产减值损失"账户。在资产负债表日，应收款项发生减值的，应按减记的金额，借记"资产减值损失——计提的坏账准备"，贷记"坏账准备"；冲减多计提的坏账准备时，借记"坏账准备"，贷记"资产减值损失——计提的坏账准备"。

企业采用备抵法进行坏账损失核算时，应于期末估计可能发生的坏账损失。采用应收账款余额百分比法估计坏账损失的方法有以下几种。

首先，根据当期应收账款余额的一定比例，估计可能发生的坏账损失数额。

其次，根据"坏账准备"账户提取前的发生情况，倒推本期应提取的坏账准备数。应提取的坏账准备数的确定有以下几种情况：①如果"坏账准备"账户为贷方余额，且该贷方余额小于当期按应收账款计算应提坏账准备金额，应按其差额补提坏账准备，即借记"资产减值损失——计提的坏账准备"账户，贷记"坏账准备"账户。②如果"坏账准备"账户为贷方余额，且该贷方余额大于当期按应收账款计算应提坏账准备金额，应按其差额冲减已提的坏账准备，即借记"坏账准备"账户，贷记"资产减值损失——计提的坏账准备"账户。③如果"坏账准备"账户为借方余额，表明本期实际发生的坏账损失大于上期期末提取的坏账准备，这时，应按当期根据应收账款计提的坏账准备金额加上"坏账准备"账户的借方余额，作为本期应计提的坏账准备数额。借记"资产减值损失——计提的坏账准备"账户。

本例中，假设货运公司2014年开始提取坏账准备，2014年年末应收账款余额为2 000 000元，坏账准备的提取比例为5‰，则2014年年末应计提的坏账准备金额为：$2\,000\,000 \times 5‰ = 10\,000$（元）。

会计分录如下。

| 借：资产减值损失——计提的坏账准备 | 10 000 | |
| 贷：坏账准备 | | 10 000 |

2015年2月发生坏账损失。

| 借：坏账准备 | 8 000 | |
| 贷：应收账款——乙企业 | | 8 000 |

（3）2015年年末，应收账款余额为2 450 000元。

2015年坏账准备的余额应是：$2\,450\,000 \times 5‰ = 12\,250$（元）

年末计提前坏账准备的贷方余额是：10 000 − 8 000 = 2 000（元）

因此，本年度应补提的坏账准备应为：12 250 − 2 000 = 10 250（元）

会计分录如下。

借：资产减值损失——计提的坏账准备   10 250

  贷：坏账准备   10 250

（4）2016 年 1 月，公司收到已转销的坏账 8 000 元，存入银行。确认并转销的应收账款又收回时，应编制两笔会计分录。

借：应收账款——乙企业   8 000

  贷：坏账准备   8 000

借：银行存款   8 000

  贷：应收账款——乙企业   8 000

（二）发生营业折扣时收入的核算

交通运输业为了及早收回营业款及对客户建立商业信用等原因，常常实行营业折扣政策。营业折扣分为商业折扣和现金折扣。

商业折扣是指交通运输业根据市场供需情况，或针对不同的客户，在营业价格上给予的扣除。商业折扣通常以百分比表示，如 10%、20%。商业折扣在发生时即已确定，不能在交易双方账上反映，它是确定实际营业价格的一种手段，对应收账款入账价值的确定不存在影响。

现金折扣是指债权人为鼓励债务人在规定的期限内付款，而向债务人提供的债务扣除。企业为了鼓励客户提前偿付货款，通常与债务人达成协议，债务人在不同期限内付款可享受不同比例的折扣。折扣一般用符号"折扣/付现期限"表示，如"2/10，1/20，N/30"分别表示若在 10 天内付款可以得到 2% 的折扣，在 20 天内付款可以得到 1% 的折扣，在 30 天内（超过 20 天）付款，则无折扣。

采用现金折扣的会计处理方法有总价法和净价法两种，所选用处理方法的不同直接导致营运收入入账金额的差异。

1. 总价法

总价法是将未减去现金折扣前的金额作为实际价款，记作应收账款和主营业务收入的入账价值。现金折扣只有客户在折扣期内支付货款时才予以确认。实际发生的现金折扣，作为一种理财费用，记入"财务费用"账户。

【例6-12】申通交通运输公司为A企业提供运输劳务，营业额为10 000元，规定的折扣条件为2/10，1/20，N/30。

（1）发生营业业务办托收手续。

借：应收账款——A企业　　　　　　　　　　　　10 000

　　贷：主营业务收入——运输收入　　　　　　　　　　10 000

（2）若A企业在10天内付款。

借：银行存款　　　　　　　　　　　　　　　　　9 800

　　财务费用　　　　　　　　　　　　　　　　　　200

　　贷：应收账款——A企业　　　　　　　　　　　　10 000

（3）若A企业在20天内付款。

借：银行存款　　　　　　　　　　　　　　　　　9 900

　　财务费用　　　　　　　　　　　　　　　　　　100

　　贷：应收账款——A企业　　　　　　　　　　　　10 000

（4）若A企业超过20天付款。

借：银行存款　　　　　　　　　　　　　　　　10 000

　　贷：应收账款——A企业　　　　　　　　　　　　10 000

2. 净价法

净价法是将扣减最大现金折扣后的金额作为实际价款，记作应收账款和主营业务收入的入账价值。这种方法是把客户取得现金折扣视为正常现象，认为大多数客户都会提前付款，享受折扣，而把客户没有提前付款而丧失的现金折扣视为企业提供信贷所获得的收入，可以作为其他收入或直接冲减财务费用。

【例6-13】以上例有关资料，采用净价法编制会计分录如下。

（1）发生营业业务办托收手续。

借：应收账款——A企业　　　　　　　　　　9 800

　　贷：主营业务收入——运输收入　　　　　　　9 800

（2）若A企业在10天内付款。

借：银行存款　　　　　　　　　　　　　　　9 800

　　贷：应收账款——A企业　　　　　　　　　　9 800

（3）若A企业20天内付款。

借：银行存款　　　　　　　　　　　　　　　9 900

　　贷：应收账款——A企业　　　　　　　　　　9 800

　　　　财务费用　　　　　　　　　　　　　　　100

（4）若A企业超过20天付款。

借：银行存款　　　　　　　　　　　　　　10 000

　　贷：应收账款——A企业　　　　　　　　　　9 800

　　　　财务费用　　　　　　　　　　　　　　　200

　　总价法和净价法对应收账款和营业收入的会计处理各有利弊。总价法下，入账的主营业务收入与营业发票记载的收入一致，便于纳税管理，财务处理也比较简便，但是在发生现金折扣的情况下，会引起收入的高估。对此，净价法却可以避免总价法的不足，但净价法下营业收入的入账金额与发票上列明的收入不一致，不便于账户核对。总价法是我国企业会计准则规定使用的方法。

小提示

区分总价法和净价法记账时的不同点。

（三）其他业务收入的核算

　　其他业务收入账户核算企业除主营业务以外的其他业务所取得的收入，具体核算内容包括客运服务收入、租赁收入、材料物资销售收入、车船及机械修理收入、理货收入、通信服务收入等。

【例6–14】申通交通运输公司对外销售一批原材料，价款为3 000元，款项已收到存入银行。该批材料实际成本为2 200元。编制会计分录如下。

借：银行存款   3 000

    贷：其他业务收入——材料销售收入   3 000

同时，结转原材料成本。

借：其他业务成本   2 200

    贷：原材料   2 200

【例6–15】申通交通运输公司向A企业出租船舶，取得租金15 000元，收到支票一张。

借：银行存款   15 000

    贷：其他业务收入——租赁收入   15 000

小资料

中国的交通运输成本高在哪里？

与发达国家交通运输业比较，中国交通运输成本要高很多。有关资料显示，美国交通运输业成本仅占整个运营成本的9%左右，而中国交通运输业成本则占20%。从库存情况来看，中国企业产品的周转周期为39～45天，而国外一些企业的产品库存时间不超过10天。另外，中国企业更愿用自己的车队，但货物空载率达到37%以上，同时，因包装问题而造成的货物损失每年达150亿元，货物运输每年损失500亿元人民币。

导致这些问题的根源在于，企业规模小，管理分散，员工素质低。据了解，这样的公司全国已注册的有1 500家左右，没有形成网络，缺乏竞争力，企业之间也缺乏了解和相互沟通，不利于交通运输业的发展。

简单地说，现代交通运输就是要最省时最有效地将货物从一个地方运送到另一个地方。中国交通运输业要取得成功，必须运用现代交通运输管理，有效地把交通运输成本降下来。

知识结构图

交通运输业运输业务核算
- 运输业务的概念
  - 运输业务概述
  - 运输业务成本的构成
  - 核算时应设置的账户
- 汽车运输成本的核算
  - 汽车运输成本的概念
  - 汽车运输成本的内容
  - 汽车运输成本的计算和核算
- 船舶运输成本的核算
  - 船舶运输成本的概念
  - 船舶运输成本的内容
  - 船舶运输成本的计算和核算
- 运输收入的核算
  - 运输收入的确认
  - 运输收入如何核算

第 7 章

交通运输业仓储、装卸和配送业务核算

案例导入

某贸易公司每年以每单位 30 元的价格采购 6 000 个单位的某产品，处理订单和组织送货要 125 元的费用，每个单位存储成本为 6 元。请问这种产品的最佳订货政策是什么？

对于上述问题的处理，通过本项目的学习，我们将会熟练掌握。

7.1　仓储、装卸和配送业务概述

随着商品经济的发展，交通运输业必须满足用户多样化的需求，在交通运输活动中重视高效率、低消耗，如尽量使储备资金占用达到最低，提高设备的利用率，合理组织运输、储存、包装、装卸与搬运、流通加工等各个作业环节，以降低交通运输成本。要做到这些，就必须进行科学的交通运输管理。交通运输管理的目的就是以最低的交通运输成本对交通运输活动进行计划、组织、协调与控制，以达到用户满意的水平。要做到科学的交通运输管理，就必须借助会计这一重要的管理活动。

因此，交通运输业会计实际是对交通运输活动的管理活动。其主要经济活动是对运输、包装、储存、装卸与搬运、流通加工等交通运输活动的各环节进行核算、监督，降低流通费用，缩短流通时间，加快企业资金周转，为企业创造利润。所以，仓储、装卸和配送业务对交通运输业成本的影响是至关重要的。

一、交通运输业仓储业务的概念和构成

（一）仓储业务的概念

仓储的概念和运输的概念相对应，仓储是以改变"物"的时间状态

为目的的活动，以克服产需之间的时间差异，而获得更好的效用。而仓储成本是企业在一定时期内，为完成货物（原材料、产成品等）储存业务而发生的各种费用。

仓储活动可以平衡企业的运输和生产活动。仓储成本是企业为降低运输成本、缺货成本和生产调整成本等必须付出的代价，因而在经济上具有一定的合理性和必要性。交通运输业储备一定数量的货物，既是企业大批量运输的结果，也是企业大批量运输的条件。企业所发生的仓储成本是实现规模化运输、达到运输的规模效益、降低运输成本所付出的代价。同时，企业保持一定的货物储存，也是平衡生产、减少生产线调试次数的需要。

（二）仓储业务成本的构成

交通运输业仓储成本由以下几个方面构成。

1. 仓储持有成本

仓储持有成本是指为了保持适当的储存而发生的成本。它可以分为固定成本和变动成本。固定成本与一定限度内的仓储数量无关，如仓储设备折旧、仓储设备的维护费用、仓库职工工资等；变动成本与仓储数量的多少相关，如库存占用资金的利息费用、仓储物品的毁损和变质损失、保险费用、搬运装卸费用、挑选整理费用等。变动成本主要包括以下四项成本：资金占用成本、仓储维护成本、仓储运作成本、仓储风险成本。

2. 订货或生产准备成本

订货成本或生产准备成本是指企业向外部的供应商发出采购订货的成本，或指企业内部的生产准备成本。

订货成本是指企业为了实现一次订货而进行的各种活动的费用，包括处理订货的差旅费、办公费等支出。订货成本中有一部分与订货次数无关，如常设机构的基本支出等，称为订货的固定成本；另一部分与订货次数有关，如差旅费、通信费等，称为订货的变动成本。

生产准备成本是指当库存的某些产品不由外部供应而是由企业自己生产时，企业为生产一批货物而进行准备的成本。

3. 缺货成本

缺货成本是由于外部和内部中断供应所产生的。当交通运输业的客户得不到全部订货时，叫作外部缺货；而当企业内部某个部门得不到全部订货时，叫作内部缺货。如果发生外部缺货，将导致延期交货、失销或者失去客户情况的发生。

4. 在途库存持有成本

如果企业以目的地交货价销售商品，就意味着交通运输业要负责将商品运达客户。当客户收到订货商品时，商品的所有权才转移。从理财的角度来看，商品仍是销售方的库存，因此，在某些情况下，企业必须考虑这项成本。

小思考

如果交通运输业用多少物资就购买多少物资，那么减少存储量是否就减少了仓储成本？

二、交通运输业装卸业务的概念和构成

（一）装卸业务的概念

所谓的装卸是指物品在指定地点以人力或机械装入或卸下运输设备的行为。它是交通运输过程中保管物资和运输两端物资的处理活动，具体来说包括物资的装载、卸货、移动、货物堆码上架、取货、备货、分拣等作业以及附属于这些活动的作业。

搬运往往是伴随装卸而发生的。一般来说，搬运是指物体横向或斜向的移动，而装卸是指货物上下方向的移动。广义的装卸则包括了搬运

活动。搬运不同于运输，运输活动是长距离的活动，是在交通运输节点之间进行，而搬运则是在交通运输节点内进行，是短距离的移动。

装卸活动是交通运输各项活动中出现频率最高的一项作业活动。装卸活动效率的高低直接影响交通运输整体的效率。虽然装卸活动本身并不产生效用和价值，但由于装卸活动对劳动力的需求量很大，需要使用装卸设备，因此，交通运输成本中装卸费用所占的比重也较大。在装卸搬运活动中耗费的物化劳动和活劳动的货币表现就成为装卸搬运成本。

（二）装卸业务的成本构成

装卸业务成本包括装卸搬运直接费用和营运间接费用两大类。

装卸搬运直接费用包括职工工资（福利费）、燃料和动力费、轮胎费、修理费、折旧费、工具和劳动保护费、租费、对外支付的装卸费、运输管理费、事故损失费以及其他费用。

营运间接费用指装卸队为组织和管理装卸搬运业务而发生的管理费用和业务费用。

三、交通运输业配送业务的概念和构成

（一）配送业务的概念

配送是在经济合理区域范围内，根据客户要求，对物品进行拣选、加工、包装、分割、组配等作业，并按时送达指定地点的交通运输活动。配送是交通运输系统中一种特殊的、综合的活动形式，是商流与交通运输紧密结合，包含了交通运输中若干功能要素的一种交通运输活动。一般的配送集装卸、包装、保管、运输于一身，通过一系列活动完成将物品送达客户的目的。严格来说，整个交通运输活动如果没有配送环节，就不能成为完整的交通运输活动。

（二）配送业务成本的构成

配送成本是配送过程中所支付费用的总和。根据配送流程及配送环节，配送成本实际上是含配送运输费用、分拣费用、配送及流通加工费用等的全过程费用。具体由以下费用构成：

（1）配送运输费用：主要包括车辆费用和营运间接费用两个方面。

（2）分拣费用：主要包括分拣人工费用和分拣设备费用两个方面。

（3）配装费用：配装材料费用、配装辅助费用和配装人工费用。

（4）流通加工费用：流通加工设备费用、流通加工材料费用、在流通加工过程中从事加工活动的管理人员、工人及有关人员的工资、奖金等费用的总和。

7.2 仓储成本的核算

一、购进存货成本的核算

库存商品购进是指交通运输业为了出售或加工后出售，通过货币结算方式，取得商品或者商品所有权的交易行为。

存货的形成主要有外购和自制两个途径。从理论上说，企业无论从何种途径取得的存货，凡与存货形成有关的支出，均应计入存货成本。交通运输业由于其行业的特殊性，在购进商品时，按照进价和按规定应计入商品成本的税金作为实际成本，采购过程中发生的运输费、装卸费、保险费等费用，运输途中发生的合理损耗、入库前的挑选整理费等，直接计入当期损益。

但是，交通运输业加工的商品，以商品的进货原价、加工费用和按规定应计入成本的税金作为实际成本。

二、仓储成本的计算

（一）按支付形态计算仓储成本

把仓储成本分别按仓储搬运费、仓储保管费、材料消耗费、人工费、仓储管理费、仓储占用资金利息等支付形态分类，就可以计算出仓储成本的总额。这样可以了解花费最多的项目，从而确定仓储成本管理的重点。

（二）按仓储项目计算仓储成本

上述方法虽然能得出总额，但不能充分说明仓储的重要性。若想降低仓储成本，就应把这个仓储总额按照项目详细区别开来，以便掌握仓储的实际形态，了解在哪些功能环节上有浪费，达到控制成本的目的。

这就是按仓储项目计算仓储成本。

（三）按适用对象计算仓储成本

分别掌握按产品、地区、顾客的不同而产生的仓储成本。

三、销售存货的成本计算

由于前面存货的内容已经详细讲述了此方面知识，因此这里就不再讲述。

四、仓储成本分析

由于仓储成本对于交通运输业来说占据主要地位，所以交通运输业仓储成本的高低直接影响着收益，仓储成本的分析就显得至关重要。主要从取得成本、储存成本、缺货成本三个方面进行分析。

（一）取得成本

取得成本是指为了取得存货而支出的成本。又可以分为订货成本和购置成本。前者是指取得订单的成本，与订货次数有关；后者是存货本身的价值。取得成本的公式如下：

$$TC_a = F_1 + K_a D/Q + DU$$

式中：TC_a——取得成本；

F_1——订货固定成本；

K_a——每次订货的变动成本；

D——年需求量；

Q——每次订货量；

U——单价。

（二）储存成本

储存成本是指企业为了保存存货而发生的成本，如仓储费、搬运费、保险费、占用资金的利息等。储存成本可以分为变动成本和固定成本两部分，前者与存货数量的多少有关，后者与存货数量无关。因此储存成本的公式如下：

$$TC_a = F_2 + K_c Q/2$$

式中：TC_c——储存成本；

F_2——固定储存成本；

K_c——单位变动储存成本。

（三）缺货成本

缺货成本是指由于存货不能满足生产经营活动的需要而造成的损失，如失销损失、信誉损失等。缺货成本用 TC_s 表示，则总成本 TC 的公式如下：

$$TC = 取得成本 + 储存成本 + 缺货成本$$

如果存货量大，可以防止因缺货造成的损失，减少缺货成本，但相应要增加储存成本；反之，如果存货量小，可以减少储存成本，但相应会增加订货成本和缺货成本。存货管理的目标是使存货的总成本达到最小，即确定经济批量。

（四）经济批量的模型

经济批量基本模型的假设条件如下：

（1）企业能及时补充存货，不考虑缺货成本。

（2）集中到货。

（3）存货单价不变，不考虑现金折扣和数量折扣。

$$TC = 取得成本 + 储存成本$$
$$= TC_a + TC_c$$
$$= F_1 + K_a D/Q + DU + F_2 + K_c Q/2$$

总成本中的 F_1、D、F_2 均为常数，则总成本 TC 的大小完全由订货变动成本和储存成本决定。与批量有关的总成本公式如下：

$$TC = K_a D/Q + K_c Q/2$$

在 K_a、D、K_c 为已知常数时，TC 的大小取决于 Q，经济批量 Q' 的计算公式为：$Q' = \sqrt{\dfrac{2DK_a}{K_c}}$

根据经济批量公式，还可以推算出以下公式：

每年最佳订货次数：$N' = D/Q'$

最佳储存总成本：$TC' = \sqrt{2DK_aK_c}$

小思考

经济订货批量给交通运输业带来哪些好处？

7.3 装卸成本的核算

一、装卸成本核算对象

交通运输业以运输业务或仓储业务为主的，在经营装卸业务时，可以机械作业和人工作业分别作为成本核算对象，核算其成本。以机械作业为主、人工作业为辅的作业活动，可不单独核算人工装卸成本；以人工作业为主、机械作业为辅的作业活动，也可以不单独核算机械装卸成本。

交通运输业经营港口业务的，为了加强成本管理，可以装卸作业的主要货种作为成本核算对象，核算其成本。主要货种可分为石油、煤炭、矿石、木材、粮食、集装箱、杂货等。

二、装卸业务的成本计算单位

装卸业务的成本计算单位是以货物装卸量的计量单位为依据的，货物装卸量通常以重量作为成本计量单位，用装卸吨表示。

集装箱装卸业务成本计算单位可采用标准箱，也可以采用装卸吨。两者的换算比例如下：

$$1 标准箱 = 10 装卸吨$$

三、装卸业务的成本计算期

装卸业务的成本，应按月、季、半年和年计算从年初至各月末止的累计成本。

四、装卸成本的核算

交通运输业的装卸费用通过"主营业务成本——装卸支出"账户进

291

行归集与分配。本账户应按成本计算对象设置明细账户，并按成本项目进行明细核算。

交通运输公司如果同时经营装卸业务，在公司下设立装卸队。装卸队队部统一管理机械装卸队和人工装卸队，其中人工装卸队配备少量装卸机械。机械装卸队和人工装卸队应分别核算装卸支出与计算装卸成本。

装卸费用的归集与分配方法，与运输费用基本相同。其有关的汇总表、计算表、分配表及会计分录，一般都可以并入前述核算运输业务的有关凭证（汇总表、计算表、分配表）及分录中。下面举例简要说明各项装卸费用的归集与分配方法。

1. 直接人工

企业的直接人工可以根据"职工薪酬结算表"等有关资料，编制应付职工薪酬汇总表，据以直接计入各类装卸成本。

【例7-1】假设装卸队2015年12月发出工资如下：机械装卸队司机及助手29 000元，保修工人6 000元；人工装卸队48 000元，保修工人2 000元；车间管理人员9 000元。

借：主营业务成本——装卸支出——机械（直接人工）

　　　　　　　　　　　　　　29 000

　　　　　　　　　　——机械（保养修理费）

　　　　　　　　　　　　　　6 000

　　　　　　　　　　——人工（直接人工）·

　　　　　　　　　　　　　　48 000

　　　　　　　　　　——人工（保养修理费用）

　　　　　　　　　　　　　　2 000

　　制造费用——营运间接费用（装卸支出）　9 000

　　贷：应付职工薪酬——应付工资　　　　　94 000

根据工资总额的14%计提职工福利费，作会计分录如下。

借：主营业务成本——装卸支出——机械（直接人工）

　　　　　　　　　　　　　　4 060

$$——机械（保养修理费）$$

| | 840 |

$$——人工（直接人工）$$

| | 6 720 |

$$——人工（保养修理费用）$$

| | 280 |

制造费用——营运间接费用（装卸支出）　　1 260

　　贷：应付职工薪酬——应付福利费　　　　　13 160

2. 直接材料

对燃料和动力，企业可于每月终了根据油库转来装卸机械领用燃料凭证计算实际消耗数量计入成本。企业耗用的电力可根据供电部门的收费凭证或企业的分配凭证直接计入成本。

【例7-2】假设申通交通运输公司装卸队2015年12月领用装卸过程用的燃料53 400元，其中：机械装卸队48 000元，人工装卸队5 400元，当月燃料成本差异率为2%。

　　借：主营业务成本——装卸支出——机械（燃料及动力）

| | 48 000 |

$$——人工（燃料及动力）$$

| | 5 400 |

　　　　贷：原材料——燃料　　　　　　　　　53 400

　　借：主营业务成本——装卸支出——机械（燃料及动力）

| | 960 |

$$——人工（燃料及动力）$$

| | 108 |

　　　　贷：材料成本差异——燃料　　　　　　1 068

假设公司机械装卸队机械操作耗用电力，已用银行存款支付电费2 000元。

借：主营业务成本——装卸支出——机械（燃料及动力）

2 000

  贷：银行存款 2 000

3. 其他直接费用中的其他费用

装卸机械领用的随机工具、劳保用品和装卸过程中耗用的工具，在领用时根据领用凭证可将其价值一次直接计入各类装卸成本。一次领用数额过大时，可作为待摊费用处理。

工具的修理费用以及防暑、防寒、保健饮料、劳动保护安全措施等费用，在费用发生和支付时，可根据费用支付凭证或其他有关凭证，一次直接计入各类装卸成本。

交通运输业对外发生支付装卸费时，可根据支付凭证直接计入各类装卸成本。事故损失一般于实际发生时直接计入有关装卸成本，或先通过"其他应收款——暂付赔款"账户归集，然后于月终将应由本期装卸成本负担的事故净损失结转计入有关装卸成本。

【例7-3】假设公司装卸队将2015年12月发生的各项其他费用予以汇总。

借：主营业务成本——装卸支出——机械（其他费用）890

       ——人工（其他费用）742

  贷：低值易耗品 1 632

小提示

装卸搬运直接费用不仅包括职工工资（福利费）、燃料和动力费、还包括轮胎费、修理费、折旧费、工具和劳动保护费、租费、对外支付的装卸费、运输管理费、事故损失费以及其他费用。

4. 营运间接费用

装卸队直接开支的管理费和业务费，可在发生和支付时，直接列入

交通运输会计全流程真账实操

装卸成本。当按机械装卸和人工装卸分别计算成本时，可先通过"营运间接费用"账户汇集，月终再按直接费用比例分配计入各类装卸成本。

【例7-4】假设交通运输公司装卸队2015年12月发生的管理费和业务费，除工资及福利费10 260元、折旧费160元以外，还分配水电费、支付办公费、报销差旅费等1 080元，合计11 500元。已归集的机械装卸与人工装卸的直接费用分别为158 000元和72 000元，根据装卸支出明细表和营运间接费用（装卸）明细账记录，可编制营运间接费用（装卸）分配表，如表7-1所示。

表7-1 营运间接费用（装卸）分配表

编制单位：申通交通运输公司 2015年12月

成本计算对象	分配标准（直接费用）（元）	分配率	分配额（元）
机械装卸	158 000		7 900
人工装卸	72 000		3 600
合计	230 000	0.05	11 500

根据营运间接费用（装卸）分配表，作会计分录如下。

借：主营业务成本——装卸支出——机械（营运间接费用）

7 900

——人工（营运间接费用）

3 600

贷：制造费用——营运间接费用（装卸） 11 500

7.4　配送成本的核算

一、配送业务的成本核算对象

交通运输业配送业务是由多个环节完成的，各个配送环节的成本核算都具有各自的特点，因此，配送的各个环节都应当有各自的成本核算对象。货物保管环节的成本核算对象是仓库，分拣及配货的成本核算对象是被分配及配货的货物，配送发运的成本核算对象则是货运车辆。

二、配送业务的成本计算对象

由于配送业务有多个成本核算对象，因此，也就有多个成本计算单位。货物保管业务的成本计算单位为堆存量，用千吨天表示；分拣配货业务的成本计算单位为分拣配货量，用千吨或者千件表示；配装业务的成本计算单位为配装量，用千吨表示；运输送达业务的成本计算单位为货物周转量，用千吨公里表示。

三、配送业务的成本计算期

配送业务的成本，应按月、季、半年和年计算从年初至各月末止的累计成本。

四、配送成本的核算

配送成本费用的核算是多环节的核算，是配送环节或活动的集成。配送环节的成本费用都具有各自的特点，如流通加工的费用核算与配送运输费用的核算都具有明显的区别，其成本计算的对象及计算单位都不同。

配送成本费用的计算由于涉及多环节的成本计算，每个环节应当计算各成本计算对应的总成本。总成本是指成本计算期内成本计算对象的成本总额。配送成本费用总额是由各个环节的成本组成。其计算公式如下。

配送成本 = 配送运输成本 + 分拣成本 + 配装成本 + 流通加工成本

需要指出的是，在进行配送成本费用核算时，要避免配送成本费用重复交叉。

（一）配送运输成本的核算

配送运输成本的核算，是指将配送车辆在配送生产过程中所发生的费用，按照规定的配送对象和成本项目，计入配送对象的运输成本中去的方法。运输成本的核算方法在上面部分已作了详细阐述，这里只作简单介绍。

交通运输配送企业月末应编制配送运输成本计算表，以反映配送总成本和单位成本。配送运输总成本是指成本计算期内成本计算对象的成本总额，即各个成本项目金额之和。单位成本是指成本计算期内各成本计算对象完成单位周转量的成本额。各成本计算对象计算的成本降低额，是指用该配送成本的上年度实际单位成本乘以本期实际周转量计算的总成本，减去本期实际总成本的差额。它是反映该配送运输成本由于成本降低所产生的节约金额的一项指标。

按各成本计算对象计算的成本降低率，是指该配送运输成本的降低额与上年度实际单位成本乘以本期实际周转量计算的总成本比较的百分比。它是反映该配送运输成本降低幅度的一项指标。

各成本计算对象的降低额和降低率的计算公式如下：

成本降低额 = 上年度实际单位成本 × 本期实际周转量 − 本期实际总成本

成本降低率 = 成本降低额 ÷（上年度实际单位成本 × 本期实际周转量）×100%

（二）分拣成本的计算方法

配送环节分拣成本的计算方法，是指分拣过程中所发生的费用，按照规定的成本计算对象和成本项目，计入分拣成本的方法。

月末应编制配送分拣成本计算表，以反映配送分拣总成本。配送总成本是指成本计算期内成本计算对象的成本总额，即各个成本项目金额之和。

（三）配装成本的核算

配装成本是指在完成配装货物过程中所发生的各种费用。月末应编制配送环节配装成本计算表，以反映配装过程中发生的成本费用总额。配装作业是配送的独特要求，只有进行有效的配装，才能提高送货水平，降低送货成本。

（四）流通加工成本的核算

流通加工成本是对加工过程中所产生的直接材料、直接人工以及制造费用进行的核算，并对此项目分别进行归集。

直接材料费用中，材料和燃料费用数额是根据全部领料凭证汇总编制的"耗用材料汇总表"确定归集的；直接人工费用，是根据当期"职工薪酬结算汇总表"来确定归集的；制造费用是通过制造费用明细表，按照费用发生的地点来归集的。

月末应编制流通加工计算表，以反映配送总成本和单位成本。配送环节的流通加工成本是指成本计算期内成本计算对象的成本总额，即各个成本项目金额的总和。表7-2为流通加工成本计算表。

表7-2 流通加工成本计算表

编制单位：申通交通运输公司　　　　2015年12月　　　　　　单位：元

项目	计算依据	合计	流通加工品种		
			产品甲	产品乙	产品丙
直接材料		12 500			
直接人工		6 800			
制造费用		5 000			
合计		24 300			

7.5 仓储、装卸和配送收入的核算

一、仓储业务收入的核算

交通运输业仓储业务的营运部门要每日编制"堆存日结单",分客户反映每日货物的进仓量、出仓量及堆存量;期末依据"堆存日结单"汇总,编制"堆存月结单"。该单一式数份,留存一联,将两联堆存月结单转交财会部门。财会部门复核无误后,据以确认堆存收入。届时填制发票,一式数联,其中:发票联连同一联堆存月结单一并转交存货人,作为其付款的依据,存根联留存备查,记账联据以入账。届时借记"应收账款"账户,贷记"主营业务收入——堆存收入"账户。当收到存货人付来款项时,再借记"银行存款"账户,贷记"应收账款"账户。

【例 7-5】申通交通运输公司 2015 年 6 月 30 日确认,本月在简易仓库风华公司堆存货物 150 千吨天,太仓公司堆存货物 85 千吨天,每千吨天收取堆存收入 486 元。在立体仓库,太明公司堆存货物 240 千吨天,新华公司堆存货物 162 千吨天,每千吨天收取堆存收入 506.5 元,予以转账。会计分录如下。

借:应收账款　　　　　　　　　　　　　　　317 823

　　贷:主营业务收入——堆存收入——简易仓库　114 210

　　　　　　　　　　　　　　　——立体仓库　203 613

二、装卸业务收入的核算

交通运输业经营装卸业务的营运部门期末将"装卸作业单"分客户进行汇总,编制"装卸作业月结单"。该单一式数联,留存一联,将两联装卸作业月结单连同装卸作业单一并转交财会部门。财会部门复核无误后,据以确认装卸收入。填制发票一式数联,其中发票联连同一联装卸

作业月结单一并转交客户，作为其付款的依据，存根联留存备查，记账联据以入账。届时借记"应收账款"账户，贷记"主营业务收入——装卸收入"账户。

【例7-6】申通交通运输公司6月30日确认，本月装卸一队为风华公司装卸货物21千吨，为太仓公司装卸货物12.25千吨，每千吨收取装卸费3 280元；装卸二队为华新公司装卸货物40.5千吨，为太明公司装卸货物27.62千吨，每千吨收取装卸费3 200元，予以转账。作会计分录如下。

借：应收账款　　　　　　　　　　　　　　　327 044
　　贷：主营业务收入——装卸收入——装卸一队　　109 060
　　　　　　　　　　　　　　　　　——装卸二队　　217 984

三、配送业务收入的核算

交通运输业经营配送业务营运部期末将配送单按客户汇总，编制配送作业月结单。该单一式数联，营运部留存一联，将两联配送作业月结单连同配送单一并转交财务部门。财务部门复核无误后，据以确认配送收入。届时填制发票一式数联，其中：发票联连同一联配送作业月结单一并转交客户，作为其付款的依据，存根联留存备查，记账联据以入账。届时借记"应收账款"账户，贷记"主营业务收入——配送收入——堆存收入""主营业务收入——配送收入——分拣及配货收入""主营业务收入——配送收入——配装收入""主营业务收入——配送收入——运输收入"账户。

小资料

交通运输业的功能

商品流通过程，一般分为购、销、存、运四个相对独立的环节。交通运输业的宏观职能是通过其微观职能来实现的。其微观职能表现如下。

(1) 交通运输业购买商品的职能，亦称为组织社会物质资源的职能。

这一职能是交通运输过程的起点。交通运输业根据市场的需求，用货币购买生产企业的劳动成果即物质产品，引入流通领域。

（2）交通运输业销售商品的职能，亦称为商品的供应职能。这一职能是交通运输过程的终点，是商品从流通领域返回生产消费的最后环节。

（3）交通运输业储存商品的职能，即"蓄水池"职能。商品储存是指物质产品离开生产领域，但还没有进入消费领域而在流通领域内的暂时停滞。

（4）交通运输业运送物质实体的职能。这是物质产品在生产和消费之间的空间矛盾所决定的。因为某类物质产品的生产在空间位置上相对分散，消费相对集中；或者相反，消费相对分散，而生产相对集中。只有当它们完成了空间位置的移动，才能满足消费的需求。

（5）交通运输业的信息流通职能。在市场经济社会，最重要、最大量的信息来自市场。由于交通运输业在连接产需双方及其直接置身于市场的特殊地位，使它们在搜集信息方面具有得天独厚的条件，将市场供求变化和潜在的信息反馈给供需双方，起到了指导生产、引导消费、开拓市场的作用。

知识结构图

仓储、装卸和配送业务

- 仓储、装卸和配送业务概述
  - 仓储的概念以及成本的构成
  - 装卸的概念以及成本的构成
  - 配送的概念以及成本的构成
- 仓储成本的核算
  - 仓储持有成本
  - 订货或生产准备成本
  - 缺货成本、在途库存持有成本
- 装卸成本的核算
  - 直接费用
  - 营运间接费用
- 配送成本的核算
  - 配送运输成本
  - 分拣成本
  - 配装成本
  - 流通加工成本
- 仓储、装卸和配送收入的核算